MARCO ⊕ POLO

W0049576

Reisen mit
Insider Tipps

LIGURIEN

ITALIENISCHE RIVIERA, CINQUE TERRE

D.
SCHWEIZ ÖSTER-
REICH
FRANKREICH SLOWEN.
Genua
MONACO Ligurien KRO.
Ligurisches SAN
Meer MARINO
Korsika ITALIEN
(F)
MITTEL- VATIKAN-Rom
STADT
MEER Neapel
Sardinien
(I) Tyrrhenisches
Meer
Adriatisches Meer

**MARCO POLO Autorin
Bettina Dürr**

Seit den Achtzigerjahren pendelt die Reiseführer-
autorin zwischen Deutschland und Italien. Eine
Region, in die es sie immer wieder zieht, ist Ligurien.
Sie begeistern die bunten Küstenstädtchen, das
milde Klima, die Pflanzenpracht, die Luft voller Düfte
der Pinien, des Thymians, des Meers Und das alles
vor der Kulisse der Berge – ein herrliches Wandergebiet mit Ausblick!

www.marcopolo.de/ligurien

Die besten Insider-Tipps → S. 4

INSIDER TIPP

Best of ... → S. 6

Riviera di Ponente → S. 32

Riviera di Levante → S. 54

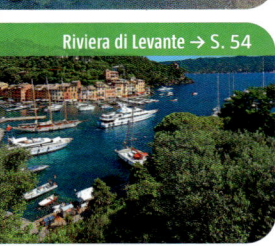

4   DIE BESTEN INSIDER-TIPPS

6   BEST OF ...
● TOLLE ORTE ZUM NULLTARIF S. 6
● TYPISCH LIGURIEN S. 7
● SCHÖN, AUCH WENN ES REGNET S. 8
● ENTSPANNT ZURÜCKLEHNEN S. 9

10   AUFTAKT

16   IM TREND

18   STICHWORTE

24   ESSEN & TRINKEN

28   EINKAUFEN

30   DIE PERFEKTE ROUTE

32   RIVIERA DI PONENTE
ALASSIO, BORDIGHERA, FINALE
LIGURE, IMPERIA, SANREMO, SAVONA,
VENTIMIGLIA

54   RIVIERA DI LEVANTE
CAMOGLI, CHIAVARI, LA SPEZIA,
SANTA MARGHERITA LIGURE

76   CINQUE TERRE

SYMBOLE

INSIDER TIPP   Insider-Tipp

★   Highlight

●●●●   Best of ...

☼   Schöne Aussicht

☺   Grün & fair: für ökologi-
sche oder faire Aspekte

(*)   kostenpflichtige
Telefonnummer

**PREISKATEGORIEN
HOTELS**

€€€   ab 160 Euro

€€   100–160 Euro

€   unter 100 Euro

Durchschnittliche Preise
für ein DZ ohne Frühstück.
In der Hochsaison zum Teil
erhebliche Aufschläge

**PREISKATEGORIEN
RESTAURANTS**

€€€   ab 16/12 Euro

€€   10–16/8–12 Euro

€   unter 10/8 Euro

Preise für ein Hauptgericht
(secondo) bzw. für ein Nudel-
oder Reisgericht (primo) ohne
Beilagen (contorni)

INHALT

GENUA 86

AUSFLÜGE & TOUREN 98

SPORT & AKTIVITÄTEN 104

MIT KINDERN UNTERWEGS 108

EVENTS, FESTE & MEHR 112

ICH WAR SCHON DA! 114

LINKS, BLOGS, APPS & MORE 116

PRAKTISCHE HINWEISE 118

SPRACHFÜHRER 124

REISEATLAS 128

REGISTER & IMPRESSUM 142

BLOSS NICHT! 144

Cinque Terre → S. 76

Genua → S. 86

Ausflüge & Touren → S. 98

Reiseatlas → S. 128

GUT ZU WISSEN
Geschichtstabelle → S. 12
Bücher & Filme → S. 20
Wanderroute „Alta Via"
→ S. 23
Spezialitäten → S. 26
Das große Brutzeln in
Camogli → S. 58
Cinque-Terre-Card → S. 83
I Rolli: Genuas Altstadtpalazzi
→ S. 94
Was kostet wie viel? → S. 119
Wetter in Genua → S. 122

KARTEN IM BAND
(130 A1) Seitenzahlen und
Koordinaten verweisen auf
den Reiseatlas
(U A1) Koordinaten für die
Karte von Genua im hinteren
Umschlag
(O) Ort/Adresse liegt außer-
halb des Kartenausschnitts
Es sind auch die Objekte mit
Koordinaten versehen, die
nicht im Reiseatlas stehen

**UMSCHLAG HINTEN:
FALTKARTE ZUM
HERAUSNEHMEN →**

FALTKARTE [M]
([M] A–B 2–3) verweist auf
die herausnehmbare Falt-
karte
([M] a–b 2–3) verweist auf
die Zusatzkarte auf der Faltkarte

Die besten MARCO POLO Insider-Tipps

Von allen Insider-Tipps finden Sie hier die 15 besten

INSIDER TIPP Idyll in den Bergen

Das Dorf Castelvecchio di Rocca Barbena zeigt, warum Kenner Liguriens Berge genauso schön finden wie das Meer → S. 38

INSIDER TIPP Eine Augenweide – aber bloß nicht anfassen

3000 Kakteenarten in den phantastischsten Formen und Farben im Giardino Esotico Pallanca in Bordighera – seit vier Generationen die Sammlerleidenschaft der Familie Pallanca (Foto o.) → S. 39

INSIDER TIPP Focaccia mit Ausblick

Leckere Gemüsetorten unterm blauen Himmel überm blauen Meer im Schatten des Kirchturms: Im Piccolo Blu ist die Welt in Ordnung → S. 70

INSIDER TIPP Romantisch schlafen mit Meerblick

Phantastische Lage über den Klippen, charmante Zimmer, gutes Essen – all das bietet das Hotel Stella Maris an der Punta Chiappa bei Camogli → S. 58

INSIDER TIPP Die musikalische Seele Liguriens

Die finden Sie in einer Genueser Altstadtgasse im Musikmuseum, Plattenladen und Kulttreff Via del Campo 29 r mit all den Balladen der großen ligurischen Chansonniers, allen voran die von Fabrizio De André → S. 23

INSIDER TIPP Paradiesisch wohnen

Der Weinbauernhof Terre Bianche beim Burgdorf Dolceacqua bietet neben hübschen Zimmern auch die ligurischen DOC-Weine Rossese di Dolceacqua, Bricco Arcagna, Pigato und Arcana Bianco von preisgekrönter Qualität → S. 53

INSIDER TIPP Straßenmarkt mit edler Mode

Jeden Samstag bauen Straßenhändler ihre Stände in Lerici auf: Was sie zu Marktpreisen anbieten, sind hochwertige Kleidung, Wäsche, Strickwaren, Bademode, wie man sie sonst nur in Boutiquen findet → S. 68

INSIDER TIPP Treffpunkt an der Piazza
Es gibt Plätze, an denen sich plötzlich alle treffen wollen. So ein Ort ist die Piazza Bresca mit ihren Restaurants und Cafés im Zentrum von Sanremo → S. 48

INSIDER TIPP Frische Fische direkt bei den Fischern
Die Fischer am Golf von La Spezia wissen, wie man ihre fangfrische Ausbeute besonders schmackhaft zubereitet, und so machen sie es gleich selbst im Fischlokal Dai Pescatori → S. 67

INSIDER TIPP Mit dem Rad am Meer entlang
Auf der Radpiste bei Sanremo radeln Sie autofrei und mit Blick aufs Meer → S. 48

INSIDER TIPP Wo sich 24 m lange Wale tummeln
Whalewatching vor der Küste der Ponente bieten im Sommer Ausflugsschiffe von verschiedenen Häfen aus an → S. 110

INSIDER TIPP Erfrischung mit Aussicht
Wer sich nicht im schönen Hotel Giada del Mesco hoch über Levanto am Wanderweg in die Cinque Terre einquartiert, gönnt sich wenigstens ein Getränk auf der Panoramaterrasse → S. 83

INSIDER TIPP Genua aufs Haupt geschaut
Das Stadtpanorama genießen Sie zum Beispiel von den Dachterrassen des Galata Museo del Mare (Foto u.) oder des Palazzo Spinola aus → S. 89

INSIDER TIPP Durch myrten- und pinienduftende Macchia wandern
Der Traumpfad über den Bergrücken von Portofino in die Bucht von San Fruttuoso mit ihren beiden kleinen Stränden → S. 75

INSIDER TIPP Multikulti in Genua
Zum Basarfest Suq im Juni ein reiches Musik-, Theater- und Tanzprogramm der Einwanderercommunity → S. 112

BEST OF ...

TOLLE ORTE ZUM NULLTARIF
Neues entdecken und den Geldbeutel schonen

● **Prachtvolle Blumendekors**
Ganz umsonst bekommen Sie ein phantastisches Schauspiel geboten, wenn im März zu *Sanremoinfiore* oder im Juni zur *Battaglia di Fiori* in Ventimiglia die Festumzüge durch die Straßen ziehen: zauberhafte Dekorationen aus Abertausenden Nelken, Tulpen, Chrysanthemen, Margeriten in ihrer ganzen Farbpalette → S. 112

● **Der schönste freie Strand**
Die Strände Liguriens sind heiß umkämpft von den oft teuren Badeanstalten. Der wohl schönste freie Strandabschnitt ist *Malpasso-Baia dei Saraceni* an der Riviera di Ponente zwischen Varigotti und Noli → S. 36

● **Hochkarätige Orgelkonzerte**
In den Pfarrkirchen der fünf Dörfer und in der Wallfahrtskirche Madonna di Soviore finden Mitte September die anspruchsvollen Konzerte des *Festival Internazionale di Musica Cinque Terre* statt – gratis → S. 79

● **Auf dem Gratisrad am Meer entlang**
Da es für viele gute Hotels heute fast schon zum Standard gehört, ihren Gästen Fahrräder gratis zur Verfügung zu stellen, bleibt nur noch die Frage, wo es sich am schönsten radeln lässt. Ganz klar: auf der mittlerweile berühmten *Radstrecke* direkt an der Küste entlang zwischen Sanremo und San Lorenzo al Mare → S. 104

● **Bummel durchs Mittelalter**
In einem Freilichtmuseum könnten Sie den Alltag in einem mittelalterlichen Städtchen auch nicht besser erleben als in *Taggia* mit seinem kompakten Altstadtkern in der Stadtbefestigung aus dem 16. Jh. (Foto) → S. 98

● **Fast ein Skulpturenmuseum**
Aus dem berühmten Monumentalfriedhof *Cimitero di Staglieno* am Hang über Genua machen in Stein gehauene Porträts, Engel, Trauernde eine eindrucksvolle Skulpturengalerie unter freiem Himmel → S. 97

● ● ● ● ● Diese Punkte zeichnen in den folgenden Kapiteln die Best-of-Hinweise aus

● *Pittoreske Fischerdörfer am Meer*

Schmale Häuser dicht an dicht, in Ocker oder Son-
nengelb, in Kamelienrosa oder Erdbeer, so reihen
sie sich am Strand im Spalier auf – besonders
schön in *Camogli* oder *Portofino:* unverwech-
selbare Ligurienbilder → S. 55, 73

● *Alte Luxushotels*

Sanremo, Bordighera, Rapallo, damit
begann im 19. Jh. der Aufstieg der Riviera zum mondänen Reiseziel. Zwei der
Prachthotels aus den Anfängen in Sanremo, das *Royal* und das *De Paris,* empfangen Gäste immer noch mit eleganten Suiten,
herrlichen Parks mit exotischen Pflanzen, bes-
ter Küche und heute auch mit edlen Spas → S. 49

● *Outdoorsport zwischen Bergen und Meer*

Nicht nur Tauchen an den Felsküsten oder Surfen auf den Wel-
len – Ligurien begeistert auch die Outdoorfreunde zu Lande: z. B. rings
um *Finale Ligure* auf MTB-Trails über Stock und Stein und an Kletter-
wänden in den Bergen (Foto) → S. 40

● *Barockpaläste in Genuas Altstadt*

An diesen Palästen, den *rolli,* erkennen Sie heute noch gut, weshalb
Genua im 17. Jh. als die reichste Stadt Europas galt und „La Superba",
die Herrliche, genannt wurde. Das Vermögen aus Genuas goldenem
Zeitalter ist weg – übrig geblieben sind diese prachtvollen Palazzi, über
40 an der Zahl → S. 94

● *Malerische Bergdörfer*

Steinhäuser, auf schmalen grünen Hügelkämmen zu düsteren Laby-
rinthen zusammengedrängt, aber immer auch mit einer einladenden
Piazza, mit kühn über Bergbäche geschwungenen Brücken, mit romantischen B-&-B-Unterkünften und netten Restaurants, dazu Weitblicke über die Berge aufs Meer: Solche ligurischen Gesamtkunstwer-
ke erleben Sie etwa in *Dolceacqua* oder *Apricale* → S. 53, 101

● *Landküche mit Pesto*

Für die gerühmte ligurische Küche mit ihren Mehl-, Kräuter- und Ge-
müsespezialitäten steht beispielhaft die *Trattoria La Brinca.* Ihre haus-
gemachten Bandnudeln aus Kastanienmehl mit Pesto, Liguriens
Creme aus duftendem Basilikum, sind ein Gedicht → S. 61

TYPISCH

BEST OF ...

● *Grotten von Toirano*

Im Massiv aus Kalkgestein oberhalb von Toirano stieß man 1950 auf diese riesigen Tropfsteinhöhlen. Die beiden schönsten und größten können Sie durchwandern – egal ob es draußen regnet oder die Sonne scheint → **S. 110**

● *Ins Spielkasino von Sanremo*

Das Kasino, 1905 eingeweiht, wurde sofort zu einer europäischen Attraktion. Sie können hier essen, einen Cocktail trinken oder sich selber dem Kitzel des Spiels hingeben: an zig Spielautomaten oder beim klassischen Roulette und bei Kartenspielen wie Blackjack und Poker → **S. 48**

● *Aquarium von Genua*

Wenn es in Genua regnet, gibt es kaum einen besseren Ort: Wasser überall, nur nicht von oben (Foto). Und wenn es dann immer noch regnet, gibt es auch noch das nahe Schifffahrtsmuseum → **S. 111**

● *Museen an Genuas Via Garibaldi*

Drei imposante Palazzi bieten ein Programm, das sogar für Dauerregen reicht: *Palazzo Rosso, Palazzo Bianco* und *Palazzo Doria-Tursi* zeigen in ihren prachtvollen Räumen die Gemäldesammlungen aus Genuas goldenem Zeitalter, als der Stadtadel in Meisterwerke der europäischen Künstler investierte → **S. 90**

● *Die bunten Höhlen von Borgio Verezzi*

Wegen der Gelb-, Weiß- und Rotfärbungen ihrer Stalagmiten und Stalaktiten gilt sie als die bunteste Höhle Italiens → **S. 42**

● *In die Manganmine von Gambatesa*

Auf einem Lorenzug geht es in die Stollen, eine spannende Tour. Eine Cafeteria bietet Snacks an, aber Sie dürfen hier auch im Trockenen den eigenen Proviant auspacken → **S. 110**

ENTSPANNT ZURÜCKLEHNEN
Durchatmen, genießen und verwöhnen lassen

● **Strandclub Zero Beach bei Alassio**
Lassen Sie sich unter Strohdächern und in weißen Sonnenalkoven und Holzhüttchen direkt am Strand massieren und im Whirlpool besprudeln, nehmen eine Aromadusche oder laben sich an frischen Fruchtsäften – Entspannung pur mit den Füßen im Meer → S. 35

● **Auf der Piazzetta von Borgio Verezzi**
Setzen Sie sich auf die stille, kleine Piazza mit Bänken in Verezzi, dem höher gelegenen, malerischen Weiler des Doppeldorfs, und schauen hinunter auf die Ponenteküste und das glitzernde Meer – zu jeder Tageszeit der ultimative Blick → S. 42

● **Im Parco Botanico von Chiavari**
Ein zauberhaftes Auf und Ab aus Steineichen, Bambus, Bananenstauden, mit Teich und Wasserfall, einem Gewächshaus mit Orchideen – und überall Bänken, auf denen Sie diese Oase genießen können → S. 60

● **Per Schiff an der Traumküste entlang**
Von Genua starten Ausflugsschiffe in die Cinque Terre und an die Levanteküste. Man sitzt in der Sonne auf dem Deck und lässt sich am bunten Küstenstädtchen Camogli, an der Traumbucht des Klosters San Fruttuoso, an der Halbinsel von Portofino vorbeischippern → S. 95

● **Acquasanta-Thermen bei Genua**
100 Jahre lang lagen die alten Thermalanlagen still, nun sind die *Terme di Genova* an den Quellen von Acquasanta in Betrieb – ideal, um sich ein paar Stunden von dem reichen Wellness- und Beautyangebot verwöhnen zu lassen → S. 95

● **Die Bucht von Boccadasse**
Sonntags Ziel des Spaziergangs der Genueser, kommt wochentags kaum jemand in dieses vom städtischen Trubel völlig unberührte Fischerdorfidyll. Kaufen Sie sich ein Eis oder eine warme *focaccia,* setzen sich aufs Mäuerchen zu den bunten Fischerbooten und sehen zu, wie sich das Meer am Felser bricht (Foto) → S. 97

AUFTAKT

ENTDECKEN SIE LIGURIEN!

An der Italienischen Riviera begegnen Sie dem Mediterranen in seiner idyllischen Form, ein Wechselspiel aus Sonnenlicht, duftender Vegetation, zauberhaften Buchten, verwegenen Klippen vor einer Bergwelt voller Wälder, Schluchten, Bergdörfer. Die vertikal aufsteigende Hafenstadt Genua ist eine echte Entdeckung, das glitzernde Licht auf den grauen Dächern, darunter ein lebendiges Labyrinth. Nur wenige Kilometer weiter sitzt man auf einem Strandmäuerchen vor einem der hübschen bunten Badestädtchen, in der Hand eine frische *focaccia,* und genießt einen jener für Ligurien so typisch sinnlichen Glücksmomente.

Szenenwechsel: Es ist Winter in Ligurien, aber die Sonne scheint unverdrossen, und überall blühen die Kamelien in Weiß, Rot, Rosa und natürlich die knallgelben, zartblütigen Mimosen. Dank der Olivenhaine, der Steineichen und japanischen Magnolien, dank der großblättrigen Bananenstauden und Palmen grünt es auch im Winter in allen Schattierungen. Allerorten wird gewerkelt und gepinselt, die Bewohner der Badeorte längs der Küste bereiten ihre Hotels, Eiscafés und Strandbäder auf den

Bild: Baia del Silenzio in Sestri Levante

Typisch ligurisch sind die bunt bemalten Hausfassaden wie in dieser Altstadtgasse in Finale

Ansturm der Sonnensucher vor. In den Dutzenden von Sporthäfen längs der 350 km langen Küste wird geklopft und gestrichen, um die weißen Motor- und Segelyachten angemessen empfangen zu können. Im März beginnt die Saison, doch wegen des milden Klimas kann man das ganze Jahr über an die ligurische Riviera fahren – was ihr den Ruf eines Rentnerdorados zum Überwintern einbrachte.

Aber die Zeiten der leicht angestaubten, etwas ältlichen Riviera sind längst vorbei. In der zweiten Hälfte des 19. Jhs. waren die ersten Sommergäste aus England aufge-taucht, auf der Suche nach Sonne und Lebensart. Sie guckten sich Bordighera, Alas-sio, Sanremo aus, es entstanden Luxushotels, Palmenpromenaden, traumhafte Parkanlagen und Spielkasinos. Einiges davon hat überlebt, viele schöne Villen sind mittlerweile in Ferienwohnungen umgewandelt worden, für das wohlhabende jün-gere Bürgertum aus Turin und Mailand. Die exklusive Tradition macht sich auch im Preisniveau bemerkbar: Ligurien ist kein billiges Pflaster, man merkt es an den Hotel-

um 180 000 v. Chr.
Erste Höhlenmenschen sie-deln an Liguriens Westküste

200–191 v. Chr.
Rom unterwirft Ligurien

ab 1096
Genua baut seine Wirt-schaftsmacht aus, indem es mit einer bewaffneten Handelsflotte an den Kreuzzügen teilnimmt

1284
Genua gewinnt für ein gutes Jahrhundert die Alleinherrschaft über das Tyrrhenische Meer und wird zum stärksten Konkurrenten des blühenden Venedig

1492
Der in Genua geborene Ka-pitän Christoph Kolumbus

und Restaurantpreisen, an den Tarifen für Liegestühle, am Cappuccino an der Hafenpromenade.

Gegen Abend setzt man sich zum Sundowner an ein Cafétischchen, z. B. an der Bucht von Portofino, einem der schönsten und exklusivsten Flecken der an schönen Flecken wahrlich nicht armen Küste Italiens. Vergessen sind die verheerenden Regengüsse des Herbsts, die viele Wasserläufe immer wieder in reißende Sturzbäche verwandeln und die Kanalisation Genuas sehr rasch an die Grenzen ihres Fassungsvermögens bringen. Vergessen sind die Waldbrände unter der gleißenden Sommersonne. In diesem Moment gilt das Interesse allein der gewichtigen Frage, wo man am Abend speisen wird. Die Beute aus Meer und Wäldern und die Produkte der von der Sonne verwöhnten Gemüse- und Kräutergärten ergeben eine ausgezeichnete Küche – für Italienfans bekanntlich ein Reisemotiv erster Güte.

Riviera: Aus dem Italienischen übertragen heißt das Küstensaum, Gestade – und das ist in Ligurien 350 km lang. Die 1,8 Mio. Bewohner der mit 5415 km² drittkleinsten Region Italiens siedeln zu 90 Prozent längs der Küste. Allein die Regionshauptstadt Genua nimmt mit ihren 620 000 Ew. rund 30 km Küstenstreifen in

Viele Villen wurden in Ferienwohnungen umgewandelt

Anspruch. Von diesen Gestaden starteten die Händlerflotten und eroberten die Weltmärkte, von hier zog Christoph Kolumbus los. Vom Meer kamen aber auch die Bedrohungen, Sarazenenüberfälle, Piratenraubzüge, die Übermacht der Franzosen,

entdeckt Amerika für die spanische Krone

1528 Die unabhängige Republik Genua entsteht, ihr bedeutendster Doge wird Andrea Doria, Genuas Glanzzeit beginnt

1860 Von Genua-Quarto startet Freiheitskämpfer Giuseppe Garibaldi seinen „Zug der Tausend" gen Süden, was 1861 zur Einigung ganz Italiens unter König Viktor Emanuel II. führt

1946 Nach Monarchie, Faschismus und Zweitem Weltkrieg entscheiden sich die Italiener für die Staatsform der Republik

Spanier, Engländer. Und immer das Gefühl des Platzmangels, eingeklemmt zwischen Bergen und Meer, ein Empfinden, das die Mentalität der Ligurer geprägt hat: Sparsam sind sie, eigensinnig, eigenständig und auf ihre Unabhängigkeit bedacht.

Doch Ligurien ist ja nicht nur der Küstenstreifen, vielmehr reicht es hinauf auf fast 2000 m Höhe, sehr viel mehr Raum als die Küste nehmen die Berge des Apennins und der Seealpen in Anspruch. Die Täler und Hochebenen, die Wälder und uralten Bergdörfer werden zunehmend entdeckt, oberhalb von Imperia und Sanremo haben sich viele Deutsche und Skandinavier niedergelassen und alte Bergbauernhäuser restauriert. Trendsportarten wie Freeclimbing und Rafting, Canyoning und Mountainbiking ziehen zunehmend auch

Wale und Delphine sind wieder vor der Küste aufgetaucht

junge Leute in die Berge. Neue Lebensformen werden ausprobiert, um die aussterbenden Bergdörfer wieder zu beleben, sei es das Ruinendorf Bussana Vecchia, in dem sich im pittoresken Verfall eine alternative Kunsthandwerkerszene angesiedelt hat, oder Colletta, das voll verkabelte Dorf für urbane Wochenendaussteiger.

Schaut man sich die natürlichen Gegebenheiten an, unter denen die Menschen in den Tälern und an den Berghängen zu leben hatten (und heute noch haben), dann versteht man ihre Sparsamkeit: So üppig die Vegetation dank dem guten Klima ist, Boden für ertragreichen Ackerbau gibt es kaum. Alles muss äußerst mühsam und mit viel Aufwand auf künstlich mit Stützmauern angelegten, kleinen Terrassen angebaut werden. Dafür aber hat dieser aus funktionellen Bedürfnissen entstandene Weinanbau zum Beispiel an dem weltberühmten Küstenabschnitt der Cinque Terre zu einer derart schön gestylten Landschaft geführt, dass sie heute in die Unescoliste des Welterbes aufgenommen worden ist.

Vielerorts ist der Terrassenbau jedoch aufgegeben worden, was das Erdreich an den Hängen lockert und ins Rutschen bringt. So hatten die starken Regenfälle im Herbst 2011 zu besonders schlimmen Folgen geführt: Erdrutsche, entwurzelte Bäume, Wassermassen waren die steilen Berge der Levante herabgestürzt, hatten im Varatal Menschenleben gefordert und Häuser zum Einsturz gebracht sowie Monterosso und vor allem Vernazza, die Perle der Cinque Terre, halb unter sich begraben und schwer

1992
Der 500. Jahrestag der Entdeckung Amerikas sorgt in Genua für Aufschwung

2004
Genua ist europäische Kulturhauptstadt

2006
Die *rolli*, Genuas Altstadtpalazzi, kommen auf die Unesco-Welterbeliste

2012
Die Ära Berlusconi endet mit einer Interimsregierung aus Wirtschaftsexperten zur Sanierung der Staatsfinanzen

2015
In Verbindung mit der Expo in Mailand kommt Italiens größte Blumenschau, die Euroflora, nach Genua

Vom Aussichtskran Bigo im Porto Antico öffnet sich dieser Blick auf Genua

beschädigt. Aber noch eine andere Plage kommt dazu: Die ligurischen Kastanien sind in Gefahr. Sie bilden einen Großteil des Baumbestands der Wälder, die den Apennin bedecken, und seit einigen Jah-

> **Der Hafen von Genua ist ein Freizeitdorado**

ren treibt ein Parasit sein Unwesen, der die Blätter der Kastanien vertrocknen lässt; das raubt ihnen die Kraft – die Wälder sind voll umgestürzter Bäume. Nicht besser geht es den Palmen an der Küste, denen ebenfalls ein Parasit zu schaffen macht, Aberhunderte Palmen mussten in den letzten Jahren abgeholzt werden.

Doch es gibt auch gute Nachrichten: Überdurchschnittlich viele Strände längs der ligurischen Küste dürfen die begehrte Blaue Fahne für gute Wasserqualität aufstellen. Selbst Wale und Delphine sind wieder vor der Küste aufgetaucht. Und an den Stränden finden sich neben familiären Badeanstalten schicke Beachclubs oder romantische Klippenresorts. Hübsche Designhotels und charmante, kleine *locande* haben aufgemacht, in den historischen Zentren hat das B-&-B-Angebot enorm zugenommen.

Und schließlich die faszinierende Metropole Genua: Die Hafenstadt bildet einen kulturellen Mittelpunkt von großer Lebendigkeit, der alte Hafen ist ein Freizeitdorado für Einheimische und Besucher. Für die Zukunft stehen große städtebauliche Modernisierungen auf dem Programm wie die Umwandlung ehemaliger Industriegebiete in Cornigliano im Westen der Stadt in Parkanlagen, die Ansiedlung von Hightech-Unternehmen sowie die Aufschüttung einer Insel für die Erweiterung des Flughafens. Erstklassige Ausstellungen ziehen bereits heute das Publikum an; bedeutende Kunstsammlungen hatte die Stadt immer schon zu bieten. Auch ist sie voll einladender Restaurants, Aperitifbars und Musikclubs. Gründe für eine Reise nach Ligurien gibt es mehr als genug.

IM TREND

1 Augenschmaus

Essen Nicht nur, was auf dem Teller liegt, ist ein Hingucker. Mehr und mehr spektakuläre Locations machen Liguriens Restaurants zum Augenschmaus. In einem alten Salzlager in Genua tischt das *Sa Pesta (Via dei Giustiniani 16 r)* gefüllten Hackbraten oder Sardinen aus dem Holzofen auf. Das *Il Cappello di Guguzza (Via Polla 22)* in Toirano ist in einer ehemaligen Ölmühle untergebracht – bestes Öl verfeinert heute die Minestrone. Und in den groben Mauern des *La Fornace di Barbablù (Piazzale Rosselli)* in Noli wurde früher Kalk gebrannt.

In Bewegung

2

Kunst In einem alten Tunnel in Genua zeigt der Kunstverein *Studio 44 (Vico Colalanza 12 r)*, was die kreative Szene derzeit bewegt. Das wird oft auch heiß diskutiert, zum Beispiel im *Berio Café (Via del Seminario 16, Foto)*. Hier finden auch Konzerte und Lesungen statt, und an den Wänden hängen Werke der kreativen Genueser. *Associazione Start (www.genovastart.com)* gibt einen Überblick über zeitgenössische Kunsteinrichtungen in der Stadt.

3 Musikalisch

Live An Liedermachern mangelt es Genua nicht. Nun drehen die Musiker auf und begeistern den Nachwuchs mit Livemusik. So holt der *Milk Club (Via Mura delle Grazie 25)* immer öfter Bands in seine Halle. Die ideale Location ist das *Centro Sociale Zapata (Via Sampierdarena 36)* mit seinen steinernen Wänden und Gewölben. Gespielt werden Rock und Reggae, aber auch Ska und Punk. Eine tolle Aussicht und ein Rundumprogramm mit Restaurant und Livemusik bietet das *Sopraviaventi (Via Santo Stefano 6)*.

Hightech im Mittelalter

Zeitreise In manchem ligurischen Dorf scheint die Zeit stillzustehen. Doch hinter so mancher bröckeligen Fassade verbirgt sich ein hoch modernes Herz. Bestes Beispiel dafür ist die einstige Geisterstadt Colletta di Castelbianco *(www.colletta.it)*. Das mittelalterliche Dorf wurde liebevoll restauriert und bietet Übernachtungsmöglichkeiten. Keine Sorge: Versteckt zwischen Steinbögen und Olivenhainen liegt moderne Technik, die für Internet, Swimmingpool und Fußbodenheizung sorgt. Im *Ippotour Medieval Resort (Via degli Ulivi)* in Castelnuovo di Magra ist der Name Programm. Die spektakuläre Anlage mir Privatbungalows liegt romantisch in einem Pinienhain. Perfekt wird die Zeitreise auf dem Mittelalterfest *Anno Domini 1495*. Ende Juli bringt es mittelalterliche Musik, Spiele und die passenden Speisen nach Sarzana.

In der Vertikalen

Aktiv am Fels Die Felsen und Schluchten der Region sind ein Dorado für abenteuerlustige Sportler. Kletterer zieht es an den Felsvorsprung La Sfinge oder nach Loreto bei Triora. Dort können sich Mutige auch in die Tiefe stürzen – bei einem Bungeesprung von der Loretobrücke. Anbieter warten direkt an der Brücke. Wer nicht wasserscheu ist, kämpft sich mit *Liguriadventure (www.liguriadventure.it)* durch Schluchten vorwärts, klettert über Felsen, springt Wasserfälle hinab und rutscht ins tiefe Wasser – insbesondere im Sommer ein erfrischender Spaß. Wer sich allein auf den Weg macht, kriegt die nötige Ausrüstung für Canyoning, Abseiling und Klettern in Sarzana bei *RVB Sport (Via Variante Aurelia 7)*.

STICHWORTE

BLUMENRIVIERA

Gladiolen, Nelken, vor allem aber duftende Rosen in zauberhaftem Gelb, Rosa, Blutrot, diese Blumenpracht hat dem Küstenabschnitt zwischen Ventimiglia und Imperia seinen Namen *Riviera dei Fiori,* Blumenriviera, gegeben. In zahllosen Gewächshäusern – nicht immer eine Zierde für die Landschaft – entstand hier eine der bedeutendsten Schnittblumenindustrien Europas. Für die Blumenriviera noch bis ins späte 20. Jh. die wichtigste Einnahmequelle, ist das im doppelten Wortsinn blühende Geschäft heute arg bedroht von der Konkurrenz aus Indien, Lateinamerika, Afrika und dem süditalienischen Kampanien. Um die hohen Kosten der Gewächshäuser zu reduzieren, setzt man heute auch auf Freilandblumen wie Ranunkeln, Calendulae, Mohnblumen, auf Ziergrün und auf Kräuter. Ventimiglia und Sanremo haben ihre phantastischen Blumenfeste, und zu Fronleichnam werden die Straßen mit Blütenteppichen geschmückt, am schönsten in Diano Marina. Angefangen hatte es 1874, als der deutsche Gartenmeister Ludwig Winter die ersten frischen Rosensträuße aus Bordighera auf die Märkte nach München schickte, im Herbst und per Eisenbahn. Winter hatte an diesem Flecken mit seinem wunderbar milden Klima sein Wirkungsfeld gefunden, neben Blumen pflanzte er Dutzende Palmenarten, Kakteen, Farne, Agaven an. Hier, nur wenige Hundert Kilometer vom rauen Norden, konnten sie gedeihen. Mitgestaltet hat er die be-

Bild: der Palazzo Reale in Genua

Italiens schönste Dörfer, Fassadenschmuck an Häusern, Blumenfeste an der Riviera, Glamour in Portofino: prächtiges Ligurien!

rühmten Giardini Hanbury bei Ventimiglia sowie zahlreiche Parkanlagen in Bordighera und Sanremo, alle mit dieser typischen Mischung aus exotischen und mediterranen Pflanzen, die den Reiz der ligurischen Vegetation ausmachen.

BORGHI BELLI

Der Club der *Borghi più belli d'Italia (www.borghitalia.it),* der schönsten Dörfer Italiens, ist in Ligurien besonders oft fündig geworden. Die Dörfer müssen ein schönes, intaktes Ensemble aus histori-

schen Gebäuden aufweisen, um das sich die Bewohner aktiv kümmern, etwas Typisches, Einzigartiges haben und ein wenig abseits der großen touristischen Routen liegen – kurz: Schönheit, Charakter und Lebensqualität demonstrieren. In diesem MARCO POLO Band finden Sie eine ganze Reihe dieser *borghi belli:* Apricale, Borgio Verezzi, Cervo, Colletta di Castelbianco, Finalborgo, Laigueglia, Moneglia, Montemarcello, Noli, Tellaro, Triora, Vernazza und Zuccarello. Aber es gibt noch mehr, die sich diese Auszeichnung verdient haben, wie Brugnato im Tal Val di Vara oberhalb der Cinque Terre, Campo Ligure im Nordwesten von Genua, Millesimo auf dem Weg von Savona hinauf in die Berge und vor allem das gerühmte Biodorf ☺ Varese Ligure ebenfalls im Varatal.

C RISTOFORO COLOMBO

Am Ende ist es egal, ob Christoph Kolumbus (1451–1506) wirklich in Genua geboren ist oder, wie einige vermuten, ein spanischer Matrose war. Auch waren es die Spanier und nicht die Genueser, die ihn mit den drei Karavellen für seine Entdeckerreise ausgestattet hatten (allerdings mit Geld, das sie sich von den Genueser Bankiers geliehen hatten). Cogo-

leto, ein Vorort Genuas, erhebt ebenfalls Anspruch, sich Geburtsort des ruhmreichen Seefahrers und Amerikaentdeckers nennen zu dürfen, wie Gedenktafeln bezeugen. Keine handfesten Beweise gibt es, dass die Casa di Colombo in Genua wirklich sein Geburtshaus war, die nötige Aura aber hat es, dem Besucherinteresse nach zu urteilen. Und darauf kommt es schließlich an: 1492, das Jahr der Amerikaentdeckung, gab 1992 den Anlass für die 500-Jahr-Feiern, die Genua im Namen seines berühmten Sohnes genutzt hat, sich ebenfalls mal wieder neu zu entdecken. Seither weht frischer Wind durch die Stadt! *Grazie,* Cristoforo Colombo, der immerhin behauptet haben soll (so eine Inschrift am Bahnhof Principe):

BÜCHER & FILME

▶ **Knochen des Tintenfischs** – Die ideale Lektüre in der Mittagssonne auf einer Klippe an den Cinque Terre: *ossi di seppia* heißt das Hauptwerk von Eugenio Montale, dem 1896 in Genua geborenen größten italienischen Lyriker des 20. Jhs. 1975 wurde er mit dem Literaturnobelpreis ausgezeichnet. In seinen Gedichten spielt die Natur am Meer eine große Rolle – in Monterosso in den Cinque Terre verbrachte Montale seine Sommerferien

▶ **Königin ohne Schmuck** – In Genua spielt diese hinreißende Liebesgeschichte zwischen einem Kohleprinzen und einer Safranprinzessin im Roman des phantasievollen Erzählers Maurizio Maggiani aus La Spezia

▶ **Kalter Wind in Genua** – So heißt der erste auf Deutsch erschienene Genua-

krimi mit Privatdetektiv Bacci Pagano des ligurischen Autors Bruno Morchio. Die Geschichten spielen hauptsächlich in den dunklen Gassen der Altstadt, drei weitere gibt es nun: „Wölfe in Genua", „Der Tod verhandelt nicht" und „Bitteres Rot"

▶ **Tintenherz** – Der Verfilmung des Fantasy-Bestsellers von Cornelia Funke (Kinostart 2008) dienten die mittelalterlichen Gassen von Albenga und Laigueglia und das halb verlassene Bergdorf Balestrino als Kulisse

▶ **Silvio Soldini** – Zwei Filme des Erfolgsregisseurs („Brot und Tulpen") spielen in Genua: die romantische Komödie „Agata und der Sturm" von 2004 sowie „Giorni e Nuvole" („Tage und Wolken"), eine bittersüße Arbeitslosengeschichte von 2007

„Ohne Genua wäre ich nie zum Entdecker geworden."

F ASSADENSCHMUCK

Steinerne, dekorativ geschwungene Fenstereinrahmungen, Quadersteinfassaden, Nischen mit Skulpturen, Relieffriese, verschnörkelte Balkone, Säulen und überhaupt Fenster: So aufwendig schmückten die Ligurer seit dem 16. Jh., dem „goldenen Zeitalter", ihre Häuser – doch all dieser Dekor ist aufgemalt in meisterhafter Trompe-l'Œil-Technik. Man wollte zeigen, was man wert war, aber es gab auf den winzigen Siedlungsflecken zwischen Meer und Bergen keinen Platz für die Entfaltung von ausladenden Barock- und Renaissancepalazzi. Also malte man sie. Die Siedlungen wuchsen statt in die Breite in die Höhe, wie es die schönen Häuser von Camogli zeigen. Die gemalten Fensterreihen wurden geradezu Pflicht, um dem Gebäudewirrwarr einen einheitlichen Fassadeneindruck zu verleihen. Auch in Genuas Altstadt sehen Sie viele schöne Beispiele oder in Santa Margherita Ligure. In neuerer Zeit waren sie verblasst, zu teuer, zu pflegebedürftig, doch heute ist die Dekorfreude wieder da, engagierte Malermeister haben sich darauf spezialisiert, und die Region Ligurien hat ein Gesetz zum Schutz der *facciate dipinte* erlassen. Selbst auf Neubauten tauchen inzwischen wieder gemalte Fenster auf. Eine andere Art der Bemalung findet man im Dorf Valloria 15 km landeinwärts von Imperia: Hier werden Künstler dazu eingeladen, die Haustüren des Dorfs als Leinwand zu nutzen. 130 Türgemälde sind so entstanden und damit ein Grund, Valloria zum Ziel eines Ausflugs zu machen.

G LAMOUR

Die winzige Fischerbucht von Portofino war in den Fünfziger- und Sechziger-

jahren des 20. Jhs. ein Hideaway der Schönen und Reichen und das Flaniertrottoir der Glamourgrößen Hollywoods: Alle kamen sie, von Ava Gardner und Humphrey Bogart bis Liz Taylor und Greta

Am Bahnhofsplatz Piazza Principe ehrt Genua seinen berühmtesten Sohn

Garbo. Heute kommen George Clooney, Kylie Minogue und Naomi Campbell. Die reichen Gäste von einst waren Reeder Aristoteles Onassis und Fiatboss Gianni Agnelli, heute heißen sie Bill Gates und Silvio Berlusconi.

Tropfsteinhöhle Toirano: Hier hauste der Höhlenbär – vor rund 100 000 Jahren

GROTTEN

In Ligurien hat man einzigartige Spuren menschlichen Lebens gefunden, die bis zu 240 000 Jahre zurückreichen, in die Steinzeit, in der Grotten und Höhlen den ersten Menschen als Lebensraum dienten. So etwa im Hinterland der Riviera di Ponente in den phantastischen Tropfsteinhöhlen von Toirano, in denen man Fuß- und Knieabdrücke, Reste von Fackeln und Krallenspuren des Höhlenbärs – alles mindestens 100 000 Jahre alt – gefunden hat. Die spektakulärsten Funde menschlichen Lebens sind die bis zu 85 000 Jahre alten Skelettreste in den Grotten in den Kalkfelsen der Balzi Rossi unweit von Ventimiglia an der Grenze zu Frankreich sowie die Tausende von steinzeitlichen Ritzzeichnungen am Monte Bego, heute jenseits der Grenze auf französischem Gebiet gelegen. Die meisten stellen Tiere dar, aber auch Waffen und Szenen des alltäglichen Lebens. Einige Abdrücke dieser Ritzzeichnungen kann man in Bordighera im Museo Bicknell sehen.

GRÜNE EXPERIMENTE

Ligurien kann mit einem in ganz Europa gerühmten Beispiel für umweltbewusstes Leben aufwarten: Im ⏱ Varatal oberhalb der Levanteküste hat man sich ganz auf biologische Landwirtschaft spezialisiert (www.valledelbiologico.it). Alle ziehen an einem Strang, Landwirte, Viehzüchter, Imker. Obst und Getreide werden biologisch angebaut, die autochthonen Rinderrassen biologisch und artgerecht gehalten, Schweine kommen raus aus dem Stall und dürfen auf Wiesen und im

Wald streunen, Schafe und Ziegen sowieso – entsprechend ist auch die Käseproduktion „bio". Jeden Dienstagmorgen ist ⏱ Biomarkt im Städtchen Varese Ligure, das mit seinem kreisrunden mittelalterlichen Grundriss auch Mitglied im Club der schönsten Dörfer Italiens ist. Zu guter Letzt steht hier auch das größte Windkraftwerk Italiens. Ein weiteres Beispiel ist das Ökodorf ⏱ Torri Superiore *(www.torri-superiore.org)* oberhalb von Ventimiglia am Fuß der Seealpen, eine pittoreske Ansammlung grauer Steinhäuser aus dem Mittelalter. In den Neunzigerjahren des 20. Jhs. halb verfallen, restaurierte es eine Gruppe von Bürgern nach Kriterien der Bioarchitektur. Heute bewohnen sie es, betreiben biologische Eigenversorgung, empfangen Gäste und versuchen, in Seminaren, Initiativen und im Austausch mit anderen Ökodörfern neues Know-how für die Zukunft zu erlangen.

LIEDERMACHER

Wer nach einem besonderen Mitbringsel sucht, einem Stück von der Seele Liguriens, dem seien die poetischen Lieder der sogenannten *cantautori genovesi* empfohlen: In den Sechzigerjahren des 20. Jhs. fingen auf der Welle der französischen Chansonniers ein paar junge, begabte Leute aus Genua an, poetische Texte zu schreiben – empfindsam, lapidar –, sie zu vertonen und zu singen. Sie hießen Bruno Lauzi, Umberto Bindi, Luigi Tenco, Gino Paoli und verstanden es, jeder in einem eigenen, unverwechselbaren Stil, Lieder zu schreiben, die mit den Klischees von Sanremo-Schlagern nichts zu tun hatten. Die *scuola genovese* war geboren. Der Berühmteste und wohl auch Geliebteste unter ihnen ist der 1999 gestorbene Fabrizio De André, eine regelrechte Kultfigur. Von Literaturkritikern als einer der größten zeitgenössischen Dichter Italiens eingeschätzt, erzählen viele seiner Lieder, manche in Genueser Dialekt, vom Straßenleben in der Altstadt Genuas, vom Meer, von den Menschen Liguriens. In der Altstadtgasse Via del Campo – sogar Titel eines Songs von De André – befand sich bei der Hausnummer 29 r der legendäre Schallplattenladen Gianni Tassio mit einer Riesenauswahl an Platten dieser Liedermacher, selbst die Originalgitarre von De André hütete der Laden. Heute ist aus dem Geschäft ein regelrechtes **INSIDER TIPP** Musikmuseum geworden – ein Muss, wenn Sie die musikalische Seite Genuas kennenlernen möchten.

WANDERROUTE ALTA VIA

Eine schöne Strecke führt als Höhenwanderweg durch die ligurischen Berge, die Alta Via dei Monti Liguri. Sie reicht von Ventimiglia im Westen an der französischen Grenze bis nach Ceparana, ein paar Kilometer nördlich von La Spezia. Die 440 km lange Route, die dem Gebirgskamm der ligurischen Alpen folgt und in 44 Tagesetappen aufgeteilt ist, ist bestens markiert (rotweißrotes Rechteck mit mittigem AV), mit Berghütten versehen und bietet immer wieder herrliche Weitblicke. Im Buchhandel erhalten Sie den detaillierten Wanderführer „Alta Via – Ligurischer Höhenweg". Die Website *www.altaviadeimontiliguri.com* begleitet die Route mit praktischen Infos auf Italienisch.

ESSEN & TRINKEN

Die ligurische Küche hat ein paar Besonderheiten, die man nur hier zu essen bekommt. Schon die Tatsache, dass hier Land und Meer eng aufeinander stoßen und damit eine *cucina di terra e di mare* schaffen, zeichnet sie aus.

Dem bergigen Land hat man durch Terrassenbau kleine Ackerflächen abgerungen für Obst, Wein, Oliven, Gemüse und Kräuter und für Kleinvieh wie Kaninchen, Geflügel, Ziegen. Alles wird genutzt: aus den Wäldern Schnecken, Pilze und Kastanien, aus dem Meer Tintenfische und Sardinen. Wer also Ferien an der Riviera macht, sollte das nutzen und sich nicht nur mit Pizza zufriedengeben. Probieren Sie stattdessen die *focaccia,* einen würzigen, oft mit Käse gefüllten, gebackenen Fladen.

Weltberühmt ist der Pesto, die knallgrüne Paste aus Basilikum, Olivenöl, Pinienkernen, Knoblauch und geriebenem Käse, die man zu Nudeln isst, etwa zu den *trofie,* kurzen, unregelmäßig gezwirbelten Pastawürmchen, oder zu den *trenette,* schmalen Bandnudeln. Basilikum ist die Hauptzutat des Pesto, und es versteht sich, dass das in Ligurien angebaute Basilikum als das beste gilt, vor allem wenn es von den sorgfältig mit Pferdemist gedüngten Beeten und Gewächshäusern von Pra bei Genua kommt. Kleinblättrig muss es sein, also jung geerntet werden. Manchmal mischt man unter den Pesto auch eine zerdrückte Kartoffel oder ein paar Stückchen frischer Bohnen – einfach köstlich. Für solch eine wichtige Spezialität gibt es natürlich ein Fest, und

---

Bild: handgemörsertes Pesto alla genovese

Die grüne Küche: Ganz Ligurien duftet nach frischem Basilikum, dem wesentlichen Bestandteil des Pesto *alla genovese*

zwar in Lavagna am ersten Oktoberwochenende *Pesto e dintorni (www.pesto edintorni.org),* wo bei Kostproben und an Verkaufsständen vorgeführt wird, wie man den Pesto am besten zubereiten und essen kann.

Überhaupt würzen jede Menge duftende Kräuter die Gerichte: Basilikum, Majoran, Thymian, Minze, Zitronenmelisse, Bohnenkraut, Salbei, Rosmarin, fast alle Einheimischen haben in ihren kleinen Gärten Kräuterbeete oder Töpfe auf den Balkonen, vor den Hauseingängen. Neben Kräutern und Gemüse – Artischocken, besonders gut aus der Gegend um Albenga, Auberginen, Zucchini, Fenchel, Tomaten, Paprika – spielen Hülsenfrüchte eine wichtige Rolle: Aus dem Mehl von Kichererbsen macht man die typische *farinata.* Von Feinschmeckern geschätzt werden die hellen Bohnen aus Badalucco und Pigna.

Und natürlich findet man alles, was aus dem Meer kommt, auf dem Teller wieder: Krustentiere wie Scampi, Krabben und Krebse, Muscheln und vor allem Tin-

SPEZIALITÄTEN

▶ **cappon magro** – ein Mix aus Gemüse, Fisch und Krustentieren in einer Sauce aus Sardellen, Oliven, Kapern, Knoblauch und Pinienkernen. Eine Genueser Spezialität, die man auch kalt essen kann

▶ **castagnaccio** – Kastanienkuchen aus dem Mehl der Kastanien der weiten Kastanienwälder

▶ **cima ripiena** – Kalbsbrust, die mit Kalbsinnereien, Gemüse, Käse und Kräutern gefüllt wird (Foto li.)

▶ **ciuppin** – Suppe aus passiertem Fisch

▶ **coniglio in umido** – in Weißwein und Olivenöl geschmortes Kaninchen, mit Pinienkernen, Rosmarin, schwarzen Oliven und Knoblauch gewürzt

▶ **farinata** – flacher Fladen aus Kichererbsenmehl, mit Pfeffer, Rosmarin und Zwiebeln gewürzt

▶ **focaccia** – ein im Ofen gebackener Hefefladen mit Kräutern und Zwiebeln – die ligurische Pizza (Foto re.)

▶ **lumache alla ligure** – mit Tomaten und Steinpilzen weich gekochte Schnecken aus den Bergen bei Molini di Triora

▶ **mesciua** – die für La Spezia typische Suppe aus weißen dicken Bohnen, Kichererbsen und Getreidekörnern

▶ **muscoli ripieni** – mit einem Mus aus zerkleinerten Muscheln, Parmesan, Eigelb und Majoran gefüllte und in Weißwein gedünstete Miesmuscheln

▶ **pandolce genovese** – ein mit Orangenblütenwasser, kandierten Früchten, Nüssen, Likörwein und Lorbeer gewürztes süßes Brot, ähnlich dem deutschen Stollen

▶ **pansoti con salsa di noci** – mit Blattgemüse, Parmesan, Ricotta und Kräutern gefüllte Teigtaschen, die mit einer Sauce aus gehackten Walnüssen gegessen werden

▶ **sardinaira** – mit Sardellen gewürzte *focaccia*

▶ **stoccafisso accomodato** – mit Oliven, Pinienkernen und Kartoffeln gekochte Stockfischstückchen

▶ **torta di verdura** – aus vielerlei Gemüsesorten wie Mangold, Spinat, Artischocken geschichtete Torte

tenfische und Kraken *(moscardini, polpi, seppie)*, Sardinen *(sarde)* und Sardellen *(acciughe)*. Die Sardellen aus dem Tyrrhenischen Meer sind größer als die aus der Adria, sie sind es dann auch, die in Mon- terosso in den Cinque Terre durch eine bestimmte Art der Einsalzung zu einer Delikatesse werden, die man gern zur *focaccia* isst. Edelfische wie Goldbrasse *(dorata)*, Schwertfisch *(pesce spada)* und

Seebarsch *(branzino)* werden meist auf dem Grill zubereitet oder *al cartoccio,* in Folie oder Pergament, gedünstet.

Ein Gericht aus alten Zeiten, als man die Schlichtheit der Zutaten mit aufwendigen Rezepten schmackhaft aufzuwerten wusste, ist *brandacoion,* ein Auflauf aus Stockfisch, Kartoffeln, Eiern und Nüssen. *Stoccafisso,* der getrocknete Kabeljau, und *baccalà,* seine in Salz konservierte Variante, verweisen auf die Seefahrerküche und ihre Nahrungskonservierung auf den langen Schiffsfahrten. Den *baccalà* bekommen Sie, stückweise frittiert, in den *friggittorie* in der Altstadt Genuas – eine Delikatesse.

Aus dem Landesinnern kommen Fleischgerichte wie gefüllter Kalbs- oder Rinderbraten oder gebratenes Kaninchen. Die beste Salami kommt aus Sant'Olcese oberhalb von Genua. Sie wird ganz langsam über Holzkohlenfeuer getrocknet, was ihr ein leicht rauchiges, besonders würziges Aroma verleiht. Von den Almen aus den Bergen kommen schmackhafte Kuhmilchkäse, aber auch Frischkäse aus Ziegen- und Schafsmilch.

Und für die Süßmäuler gibt es Pralinen, kandierte Früchte, mit Schokolade überzogene Datteln, Feigen, Orangenstreifen; die Schoko-Nuss-Pralinen heißen in Alassio und Genua *baci.* Berühmt sind die Mandelmakronen aus dem Raum Savona, die *amaretti di Sassello.*

Die steilen Hänge Liguriens bieten wenig Raum für einen ausgiebigen Weinanbau; so werden die heimischen Weine vornehmlich vor Ort getrunken. Die in Ligurien angebauten Reben sind heimische Sorten, das sorgt für recht individuelle Weine. Das größte Weinbaugebiet befindet sich im Hinterland von Imperia, hier wachsen die Weißen Vermentino und Pigato, der Rosé Rosa di Albenga und oben bei Dolceacqua der rote Rossese di Dolceacqua. Von den steilen Terrassen der

Cinque Terre kommen ein herber, frischer Weißer, neuerdings auch als perlender Spumante, sowie der ambrafarbene Dessertwein Sciacchetrà. Er ist eine echte Kostbarkeit – und entsprechend teuer –, seine Trauben werden seit Jahrhunderten angebaut, von Hand verlesen und an der Sonne getrocknet, um schließlich aus ihnen diesen edlen Tropfen mit schwerer,

Weinlese bei Dolceacqua: Hier wächst einer der wenigen Rotweine Liguriens

alkoholstarker Süße zu keltern. Bei Savona hingegen wächst der **INSIDER TIPP** *chinotto,* eine große, runde Zitrusfrucht, aus der man den gleichnamigen Softdrink gewinnt, dunkel, bittersüß und erfrischend, heute wieder groß in Mode, vor allem in den hübschen Fläschchen der Marke Lurisia.

Zu guter Letzt: Auf der Rechnung erscheint in Italien als eigener Posten der Brot- und Gedeckpreis *(pane e coperto),* ab ca. 2 Euro pro Person, bei etwas edleren Lokalen manchmal sogar noch ein Serviceaufschlag. Beides muss aber an der aushängenden Speisekarte ausgeschrieben sein.

EINKAUFEN

In den Ferien hat man endlich einmal Zeit für den Schaufensterbummel – Boutiquen mit den begehrten italienischen Modemarken gibt es überall längs der Riviera, von Bordighera bis Sestri Levante. Ein Tipp für Autoreisende: Viele Topmarken zu gutem Preis gibt es im gigantischen Outletcenter Serravalle Scrivia 40 km von Genua an der A 7 nach Mailand.

KULINARISCHES & WEIN

Ideale Mitbringsel sind die in Olivenöl eingelegten Artischocken, Pilze, Auberginen. Besonders engagierte Liebhaber ligurischer Küche wagen es sogar, im Frühsommer vor der Heimreise das Auto mit Töpfen voller Kräuter zu beladen, allen voran das ligurische Basilikum. Dazu besorgt man sich dann – fürs Pesto – auch gleich den Marmormörser und den Stößel aus Buchenholz. Natürlich bekommt man überall fertigen Pesto, unter einer Schicht Olivenöl hält er sich lange aromatisch frisch. Auch Weinkenner werden fündig: Adressen von Winzerbetrieben mit Direktverkauf bekommen Sie in den Fremdenverkehrsämtern, oder Sie lassen sich in einer gut sortierten Weinhandlung *(enoteca)* beraten.

KUNSTHANDWERK

Klassische (Kunst-)Handwerkserzeugnisse sind die Spitzen in Rapallo, Geklöppeltes in Santa Margherita Ligure und Portofino, wunderschöne Samtstoffe in Zoagli, feine mundgeblasene Glasgefäße in Altare im Hinterland von Savona. In der Val Fontanabuona, dem Tal des Schieferabbaus, finden Sie elegante Schalen, Platten, Aschenbecher aus dem schönen, dunklen Schiefergestein. Und dann natürlich Keramik: Die Keramikhochburg ist Albisola bei Savona, doch bekommt man Keramik überall an der Riviera, oft ziemlich bunt und kitschig, aber wer sucht, wird auch hier geschmackvolle Stücke finden. Kunsthandwerkermärkten beleben in der Sommersaison den abendlichen Bummel in vielen Badeorten.

MÄRKTE

Jeder Ort hat seinen Wochenmarkt mit Klamotten, Haushaltsgegenständen usw., der größte und vielfältigste – und entsprechend stark besuchte – jeden Freitag in Ventimiglia. Jeder Ort hat aber auch seinen täglichen Gemüsemarkt – der schönste ist der Mercato Orientale in Genua. Hinzu kommen die beliebten Trödel-

Kulinarisches und Kunsthandwerk sind die beliebtesten Mitbringsel – Topstar ist das fruchtige ligurische Olivenöl

und Antiquitätenmärkte, zwei besonders gute sind der in Chiavari am zweiten Wochenende und der in Sarzana am zweiten Sonntag im Monat.

MODE

Dass man in Alassio, Finale Ligure, Sanremo, Santa Margherita Ligure (und natürlich in Genua) in Sachen Mode fündig wird, versteht sich, das gehört zu einem angesagten Badeort dazu. Ein Tipp sind in Genuas Altstadt die besonders gut bestückten Vintageläden, hochwertige Secondhandmode von den Fünfziger- und Siebzigerjahren bis heute. Und in Lerici lohnt das Stöbern auf dem **INSIDER TIPP** *Samstagsmarkt* mit hochwertiger Markenware, im Winter Kaschmir, im Sommer Bademode.

OLIVENÖL

Das ligurische Olivenöl boomt – dank seines säurearmen, milden Aromas ist es weltweit beliebt, allen voran das aus den geschützten Oliven von Taggia.Der Verbrauch nimmt zu, auch außerhalb Italiens im Zuge der bekömmlichen sogenannten *dieta mediterranea.* Allein im Hauptanbaugebiet, der Provinz Imperia, gedeihen über 5 Mio. Olivenbäume. Jede Pflanze ergibt 3–8 l Öl. Ihre Ernte ist eine Mordsarbeit. Dass der Liter dieses kostbaren flüssigen Goldes mindestens 8 bis 10 Euro kosten muss, versteht sich.
Da liegt es nahe, sich mit ein paar Litern einzudecken, kanisterweise kann man es kaufen. Die Suche nach Ölmühlen *(frantoi)* lädt zu Ausflügen in die oft sehr hübschen Orte in den Bergen ein, nach Badalucco mit der renommierten Ölmühle *Olio Roi (www.olioroi.com),* Dolcedo, Valloria, nach Lucinasco und Apricale. In den Fremdenverkehrsämtern von Imperia, Oneglia oder Rapallo bekommen Sie die Adressen – oder unter *blumenriviera. com/Italien/Ligurien/Olivenmuehlen.*

DIE PERFEKTE ROUTE

EIN TRAUMGARTEN AM BEGINN DER BLUMENRIVIERA

Mit der italienischen Riviera di Ponente setzt sich die Mittelmeerküste der französischen Côte d'Azur fort: Vor den Toren von Ventimiglia, der ersten Stadt auf italienischem Boden, stimmen die **1** *Hanbury-Gärten* → S. 53 (Foto li.) mit ihrer mediterran-exotischen Pflanzenwelt am felsigen Ufer überm Meer auf den Zauber der Riviera ein. Täler führen hinauf ins bergige Hinterland mit malerischen Ortschaften wie Airole im Rojatal und vor allem ins **2** *Nerviatal* → S. 100 mit Dolceacqua, Apricale und Pigna.

PRACHTBAUTEN DES 19. JHS.

Mit **3** *Bordighera* → S. 38 und **4** *Sanremo* → S. 46 entwickelten sich Mitte des 19. Jhs. die ersten noblen Urlaubsorte wohlhabender Mitteleuropäer; davon zeugen die palmengesäumten Uferpromenaden, die alte Hotelpracht, das Spielkasino in Sanremo und der Kakteengarten Giardino Esotico Pallanca am Ortsausgang Bordigheras. Nahe Ausflugsziele sind **5** *Bussana Vecchia* → S. 49, aus dessen Ruinen ein Künstlerdorf entstanden ist, sowie das stattliche mittelalterliche Städtchen **6** *Taggia* → S. 98.

OLIVENÖL UND BADESTRÄNDE

7 *Imperia* → S. 44 mit Altstadt und Hafen, von dem im Sommer Whalewatching-Ausflüge starten, ist das Zentrum der Olivenölproduktion an der Ponente, mit Ölmuseum und Orten im Hinterland, z. B. dem malerischen Dolcedo, in denen Sie Öl einkaufen können. Jetzt ist es Zeit für eine Badepause an einem der ausgedehnten Strände, etwa im Badestädtchen **8** *Alassio* → S. 32. Danach sind Sie wieder fit für das Nachbarstädtchen **9** *Albenga* → S. 36, das mit einem mittelalterlichen Kern und interessanten Museen aufwartet.

HÖHLEN UND KLETTERFELSEN

Oberhalb von Albenga bzw. dem Strandort Loano geht es ins bergige Hinterland zu hübschen Örtchen wie Castelvecchio, an die Kletterwände in der Val Pennavaira und vor allem zu den phantastischen Tropfsteinhöhlen **10** *Grotte di Toirano* → S. 110. Unten am Meer finden sich einladende Küstenorte wie Noli oder **11** *Finale Ligure* → S. 40 mit schönem Sandstrand und einem hochkarätigen Outdoorangebot in den Bergen. Wer hingegen Lust auf Stadt hat, fährt noch weiter bis in die Hafenstadt **12** *Savona* → S. 50.

METROPOLE GENUA

Das nächste Ziel ist ⑬ *Genua → S. 86,* das Sie über das Keramikzentrum Albisola, Celle Ligure mit seinem alten Kern und Varazze mit schickem Sporthafen erreichen. Mit ihrem Hafen, der kompakten Altstadt, den prächtigen Barockpalazzi und dem artenreichen Aquarium lohnt die Großstadt auch einen mehrtägiger Aufenthalt.

HÖHEPUNKTE AN DER RIVIERA DI LEVANTE

An der Levanteküste reiht sich ein Highlight ans nächste: Beginnen Sie mit einem Klippenspaziergang bei Genuas Villenvorort Nervi, bevor Sie die ⑭ *Halbinsel von Portofino → S. 58, 73, 75* (Foto li.) ansteuern. Hier finden Sie schöne Wanderwege, das pittoreske ehemalige Fischerörtchen ⑮ *Camogli → S. 55* und die mondäne Legende Portofino. Es folgen Santa Margherita und ⑯ *Sestri Levante → S. 63* mit seinen Traumbuchten Baia del Silenzio und Baia delle Favole.

DAS BESTE ZUM SCHLUSS

Das Badestädtchen Levanto ist das Tor zu den ⑰ *Cinque Terre → S. 76,* der weltberühmten Steilküste mit fünf an die Felsen gekrallten Fischerdörfchen. Diese Küste geht über in die Halbinsel von ⑱ *Portovenere → S. 70,* die den südwestlichen Arm des Golfs von ⑲ *La Spezia → S. 65* bildet. Hier konzentrieren sich die Hafenstadt mit ihren Museen sowie die hübschen Urlaubsorte ⑳ *Lerici, Tellaro und Montemarcello → S. 67, 68.*

Mit allen Abstechern rund 550 km. Empfohlene Reisedauer: mindestens zehn Tage. Detaillierter Routenverlauf auf dem hinteren Umschlag, im Reiseatlas sowie in der Faltkarte

RIVIERA DI PONENTE

In **Bordighera**, **Sanremo**, **Alassio** stehen immer noch schöne alte Nobelhotels und Sommervillen in schattigen Parks, Überbleibsel aus den Anfängen jener Orte als Sommerfrische der europäischen Nobelgesellschaft Ende des 19. Jhs. Auch wenn längst alles sehr touristisch geworden ist, hat die Ponente einladende, bunte Badeorte und die besten Sandstrände Liguriens zu bieten. Zwischen Ventimiglia an der französischen Grenze und Imperia nennt sie sich *Riviera dei Fiori (www.visitrivieradeifiori. it)*, Blumenküste – das zeigt sich in blühenden Gärten und in den Gewächshäusern. Zwischen Alassio und Savona heißt sie *Riviera delle Palme (turismo.provincia. savona.it)*, Palmenküste, da denkt man gleich an die typischen palmengesäumten Strandpromenaden. Im August wird es voll und teuer, da empfehlen sich die gemütlichen Dörfer im bergigen, kühlen Hinterland. Und wer Glück hat, kann bei einem Whalewatching-Ausflug vor der Ponenteküste einen stattlichen Wal sichten (s. Kapitel „Mit Kindern unterwegs").

ALASSIO

(131 F3–4) (*ID* F6) An der Baia del Sole, der „Sonnenbucht", erstreckt sich über rund 3 km mit Blick aufs Felskap Capo Santa Croce der feinsandige Strand des lebendigen Seebads Alassio (11 000 Ew.) und seines Nachbarorts Laigueglia. Der renommierte Badeort mit seinen Hotels und Restaurantterrassen am Strand

Im Land der Blumen und Palmen: Zwischen Varazze und Ventimiglia finden Sie die schönsten Strände und mondänsten Städte

und mit seinen alten Villen (einige heute zauberhafte Hotels) in üppigen Parks ist bei deutschen Urlaubern und Veranstaltern seit jeher beliebt. Ein Wahrzeichen ist der Wehrturm *Torrione della Coscia* aus dem 16. Jh. direkt am Strand im Zentrum des Orts.

SEHENSWERTES

BUDELLO
Die lange, schmale Gasse – *budello* genannt und als zentrale Hauptader in vie-

len alten ligurischen Küstenstädtchen anzutreffen, offiziell *Via XX Settembre* – zieht sich durch den Ortskern von Alassio, die Bummelmeile mit Boutiquen, Eisdielen und *focaccia*-Bäckereien. Die meerzugewandte Häuserzeile grenzt direkt an den Strand.

CAPO SANTA CROCE ☀
Ein schöner Spaziergang führt von Alassio auf der Strandpromenade nach Nordosten und dann zwischen Villengärten die alte Strada Romana *(Via Solva)* hoch

aufs Kap Santa Croce zum gleichnamigen romanischen Kirchlein aus dem 11./12. Jh. mit phantastischem Weitblick. Am Kirchvorplatz beginnt ein lohnender Wanderweg ins 5 km nordöstlich gelegene Nachbarstädtchen Albenga. Dieser Weg ist

Die berühmteste Mauer der Riviera: Kacheln auf dem Muretto in Alassio

nichts anderes als die Weiterführung der alten Römerstraße Via Julia Augusta, *passeggiata archeologica* genannt: Durch mediterrane Macchia führt sie an römischen Ruinenresten vorbei.

MURETTO

Alassio war in den Fünfzigerjahren Treffpunkt der Vips des Dolce Vita. Sie kamen aus aller Welt und man traf sich direkt gegenüber der schmucklosen Mauer im Café Roma an der Via Dante: Ernest Hemingway, Jean Cocteau, Zarah Leander, Anita Ekberg und aus Italien Salvatore Quasimodo, Dario Fo, Adriano Celentano. Da hatte der Künstler Mario Berrino die Idee, die Autogramme dieser Glamourkunden auf in das Mäuerchen eingelassenen Keramikkacheln zu verewigen. Die Kacheln werden immer mehr, die Namen zumindest für Nichtitaliener immer unbekannter. Anfang September findet die Miss-Muretto-Wahl statt *(www.missmu retto.com). Ecke Corso Dante/Via Cavour*

ESSEN & TRINKEN

AMEDEO

Leckere Fischgerichte, *focacce* und frische Salate in charmant-lockerem Ambiente. *Mi geschl. | Via Bellini 5 | Tel. 01 82 66 28 57 | www.amedeoalassio.it | €–€€*

LAMBERTI

Das Restaurant des gediegenen Hotels hat sich dank seiner kreativ verfeinerten Traditionsküche – vornehmlich Fisch – zu einer Topadresse für Feinschmecker an der Ponente entwickelt. *Mo geschl. | Via Gramsci 57 | Tel. 01 82 64 27 47 | www.ho tellamberti.it | €€–€€€*

OSTERIA I MATETTI

Sehr beliebt, obschon an der verkehrsreichen Durchgangsstraße: Vor zig Kinderfotos (*matetti* ist das Dialektwort für Kinder) isst man sorgfältig zubereitete Lokalküche. *Mo geschl. | Viale Hanbury 132 | Tel. 01 82 64 66 80 | €–€€*

LA VIGNA

Oberhalb des Ortsteils Solva erreichen Sie nach 3 km das schöne Landrestaurant. Zu gepflegter, frischer Land- und Meeresküche hat man einen wunderbaren Blick auf die Bucht von Alassio. Unbedingt reservieren! *Mo und außer Sa/So mittags geschl. | Via Lepanto Solva 1 | Tel.*

0182 64 47 44 | www.ristorantelavigna.it |
€€–€€€

EINKAUFEN

Die Innenstadtgassen (vor allem der *Budello Via XX Settembre/Via Vittorio Veneto*) sind ein Shoppingparadies: Die Spanne reicht von den *baci di Alassio,* einem runden Gebäck aus Schokolade, Haselnuss und Eiweiß, die man in der traditionsreichen *Pasticceria Balzola (Piazza Matteotti 26)* bekommt, bis zu den lässig-schicken Sonnenbrillen, Sneakers, Shirts von *Italia Independent (Via XX Settembre 104),* dem Label des Fiat-Erben Lapo Elkann. Der Wochenmarkt mit Kleidern, Schuhen, Lebensmitteln findet am Samstag statt.

STRÄNDE

Der berühmte feinsandige Strand von Alassio wird alljährlich von den Winterwellen fast weggespült, zur Saison schüttet man ihn wieder auf und schafft Platz für die zahlreichen Strandbäder direkt vor den Hotels. Im Sommer drängt es sich hier sehr, viele Hotels reservieren für ihre Gäste Liegestühle. Falls Ihres nicht: Achten Sie auf die Preisunterschiede der Strandbäder! Freie Strandabschnitte gibt es am Anlegepier und weiter südwestlich, wo Alassio in Laigueglia übergeht. Dagegen finden sich nordöstlich Richtung Albenga ein paar besonders schöne, exklusive Strandbäder, abends auch Treffpunkte zum Aperitif und zur Strandparty, etwa ● *Zero Beach (Via Giancardi 1 | www.zerobeach.it)* und *Baba Beach (Via Giancardi 44 | www.bababeach.it).*

AM ABEND

An der Promenade, der Passeggiata Italia und ihren Seitenstraßen, flaniert man bis spät in den Abend. Beliebte Treffpunkte zum Aperitif sind das coole *Café Roma (Via Dante),* einst Dolce-Vita-Treff, heute in weißem Minimalstil, das feine *Café Mozart (Passeggiata Grollero 1)* oder die *Bar Spotti (Via Grassi 1)* im Zentrum, eher locker und mit Musik. Alassio und Umgebung bieten zudem die besten Sommerlokale der Ponente, etwa die exklusive, exotisch gestylte Disko *Le Vele (Via Giancardi 50 | www.discotecalevele.it)* oder das Strandlokal *Essaouira (Via Michelangelo 27 | www.essaouira.it)* im Ethnolook an der Grenze zu Albenga. Eine phantastische Terrasse überm Meer hat die ✺ Diskothek *La Suerte (Via Ro-*

★ **Finale Ligure**
Für Wanderer, Taucher, Freerider, Kletterer ein Dorado – zwischen Bergen und Meer die sportlichste Stadt Liguriens → S. 40

★ **Punta Est**
Die herrliche Hotelvilla bei Finale hat einen Privatstrand → S. 42

★ **Noli**
Vor der Kulisse des Kaps lädt die einstige Seerepublik in ihre uralten Mauern ein → S. 43

★ **Sanremo**
Das ist die ehemalige (und jetzige) Ponente pur → S. 46

★ **Keramik in Albisola**
Museen, Skulpturen, Souvenirs und das Keramikkunstpflaster am Lungomare → S. 51

★ **Giardini Botanici Hanbury**
Bei Ventimiglia der schönste Garten der Riviera → S. 53

MARCO POLO HIGHLIGHTS

ma 115 | www.lasuerte.it) im angrenzenden Laigueglia. Sommers wie winters trifft man sich bei Livemusik in der gemütlichen *Osteria Mezzaluna (Vico Berno 6 | www.mezzaluna.it).* Ein Ausgehspot

mit Bars und Restaurant ist auch der Yachthafen nördlich von der Landspitze Capo Santa Croce.

LOW BUDG€T

▶ SLA, das steht für *Spiaggia Libera Attrezzata,* freier Strand, aber mit Duschen und Aufsicht: Ein paar davon gibt es selbst an den mit kostenpflichtigen *bagni* zugestellten Stränden der Ponente, z. B. im Zentrum von *Andora,* an der Küste von *Ceriale* und *Albenga,* in *Borghetto Santo Spirito* am Lungomare Matteotti sowie in *Borgio Verezzi.* Der wohl schönste von allen ist ● *Malpasso-Baia dei Saraceni* zwischen dem Tunnel hinter Varigotti und der Halbinsel Capo Noli.

▶ Die ☺ Ölmühle Sommariva, bekannt für ihr biologisch reines, kalt gepresstes Olivenöl, zeigt in ihrem gratis zugänglichen *Museum (Mo–Sa 9–12.30 und 15.30–19.30 Uhr | Via Mameli 7 | www.oliosommariva.it)* in der Altstadt von Albenga die jahrhundertealte Kultur des Olivenbaums.

▶ Ein Muss für Sparfüchse beim Ausflug nach Savona ist die Trattoria *Vino e Farinata (So/Mo geschl. | Via Pia 15): farinata* und anderes Ligurisches in lebhaftem Ambiente zu kleinen Preisen.

▶ Preiswert einkaufen können Sie auf dem berühmtesten Wochenmarkt Liguriens jeden Freitag von 8 bis 16.30 Uhr in Ventimiglia. Aber kommen Sie mit der Bahn, denn Parkplätze sind eine Rarität!

ÜBERNACHTEN

BADANO SUL MARE
Kleines, freundliches Ferienhotel am Strand. *18 Zi. | Via Gramsci 36 | Tel. 0182 64 09 64 | www.badano.com | €*

BEAU RIVAGE
Hübsches Hotel mit Flair in einer Villa des 19. Jhs. am Meer; mit guter Küche. *23 Zi., 3 Apartments | Lungomare Roma 82 | Tel. 0182 64 05 85 | www.hotelbeaurivage.it | €€*

SAVOIA
Gut geführtes Komforthotel direkt am Meer neben dem Wehrturm, mit eigenem Strandabschnitt (gebührenpflichtig) und renommiertem Restaurant. *35 Zi. | Via Milano 14 | Tel. 0182 64 02 77 | www. hotelsavoia.it | €€–€€€*

RESIDENCE VILLA FIRENZE
22 moderne Wohnungen für zwei bis sieben Personen in einem schön renovierten, alten Gebäudekomplex mit Garten mitten im Zentrum. Zum Service gehören ein Wellnessbereich in der nahen Residence Le Terrazze und in der Hochsaison ein Kinderprogramm. *Via Dante 35 | Tel. 0 18 26 61 11 | www.residencevillafirenze. it | €–€€*

AUSKUNFT
Via Mazzini 68 | Tel. 0182 64 70 27 | www. comune.alassio.sv.it

ZIELE IN DER UMGEBUNG
ALBENGA ☼ (131 F3) (*∅ G5*)
Das 5 km nördlich gelegene Albenga (22 000 Ew.), eine römische Gründung,

Mittelalterliche Statussymbole: Wohntürme der einflussreichen Familien in Albenga

hat nicht nur den schönen Weitblick auf das vorgelagerte Inselchen Gallinara zu bieten, sondern auch eine besonders interessante Altstadt. Hier stößt man auf den ältesten erhaltenen Bau Liguriens, das achteckige *Baptisterium (Di–So 10–12.30 und 14.30–18, Mitte Juni–Mitte Sept. 9.30–12.30 und 15.30–19.30 Uhr)* aus dem 5. Jh. mit wunderbaren Steinmetzverzierungen und einem byzantinischen Mosaik, sowie auf die Kathedrale *San Michele* (13. Jh.) und die mittelalterlichen Geschlechtertürme der einst einflussreichen Handelsfamilien Albengas. Ein weiteres eindrucksvolles Zeugnis aus der Vergangenheit sind Hunderte von römischen Wein- und Ölamphoren sowie Reste von Frachtschiffen, im 20. Jh. vor der Küste geborgen und zu sehen im *Museo Navale Romano (Di–So 10–12.30 und 14.30–18, Mitte Juni–Mitte Sept. 9.30–12.30 und 15.30–19.30 Uhr | Piazza San Michele 12)*. Eine Reihe von Kunstfreunden haben in der *Galleria d'Arte Moderna Albenga GAMA (Di–Sa 9–12 und 16–19 Uhr | Piazza San Michele 4 | www.gamal*

benga.it) eine beachtliche Sammlung moderner Meisterwerke zusammengetragen, von Picasso, Klee und vielen mehr.

HINTERLAND
(131 D–F 2–3) *(*𝄢 *E–F 5–6)*

Das ebene Hinterland von Alassio ist der Gemüse- und Kräutergarten Liguriens, weiter oben beginnen die Wein- und Olivenhaine, vieles wird heute biologisch angebaut, z. B. die Kräuter, der Wein und das Öl der ☺ *Azienda Agricola Biologica Vio Giobatta (Via Crociata 24 | www.bio vio.it)* mit Laden im beschaulichen Dorfzentrum von Bastia Albenga. Auf den ersten Anhöhen haben sich schöne Landunterkünfte etabliert, etwa das edle Countryresort mit nahem Golfplatz *La Meridiana (28 Zi. | Via ai Castelli | Tel. 01 82 58 02 71 | www.lameridianaresort. com | €€€)* 7 km landeinwärts in *Garlenda.* Etwa 7 km weiter bei *Casanova Lerrone* findet sich die einfache, aber sympathische Landunterkunft **INSIDER TIPP** ▸ *Cascina Il Poggio (6 Zi., 2 Apartments | Ortsteil*

Marmoreo | Tel. 0 18 27 40 40 | www.agri turismo.it | €) mit guter Küche.

Das Arroscia- und das Nevatal führen weiter hinauf zu hübschen alten Bergorten wie *Villanova d'Albenga, Pieve di Teco, Zuccarello,* dem wegen seiner sorgfältigen Restaurierungen und seiner Sonnenlage am Hang besonders schönen **INSIDER TIPP** ► *Castelvecchio di Rocca Barbena* und dem sogenannten Cyberdorf *Colletta di Castelbianco.* Oberhalb des Nevatals ist in de *Val Pennavaira* ein neues Klettergebiet erschlossen worden. Unterkommen können Sie hier in der reizenden *Locanda Casa dei Nonni (5 Zi. und 2 Apartments | Castelbianco | Ortsteil Vesallo | Tel. 33 96 93 39 94 | www. casadeinonni.it | €). Arnasco* ist das Zentrum des hiesigen Olivenanbaus mit einem exzellenten Öl *(Cooperativa Olivicola | Via IV Novembre 8 | www.coopolivi colarnasco.it).*

LAIGUEGLIA (131 F4) (*F6*)

Mit Alassio teilt sich dieser charmante Badeort 2 km südlich den feinsandigen, weiten Strand der Baia del Sole. Laigue-

glia darf sich zu den schönsten *Borghi d'Italia* zählen, zu Italiens schönsten Dörfern. Durch den alten Kern führt wieder der *budello,* die enge historische Gasse mit Läden und Cafés. Außerhalb der Altstadt erhebt sich *San Matteo,* eine der schönsten Barockkirchen Liguriens. Ein Küstenwachturm aus dem 16. Jh. und ein prächtiges Volksfest Ende Juli *(Lo Sbarco dei Saraceni)* erinnern an die einstmals häufigen Überfälle sarazenischer Piraten. Ein Treffpunkt für Liebhaber von Percussion und Jazz ist Mitte Juni das mehrtägige Festival **INSIDER TIPP** ► *Percfest – Festa Europea della Percussione.*

BORDIGHERA

(130 B6) (*C8*) **In dem 10 000-Ew.-Städtchen voller Palmen nahm Mitte des 19. Jhs. die Ansiedlung britischer Sonnensucher an der Riviera ihren Anfang.** Auch Maler kamen, wie Claude Monet, den die Mischung aus mediterraner und tropischer Flora faszinierte. Auf den Anhöhen entstanden elegante Villen und

Im milden Klima der Riviera blühen auch Pflanzen mit Migrationshintergrund: Giardino Pallanca

Hotels in üppigen exotischen Gärten. Zum Flanieren lädt die Promenade ☀ *Lungomare Argentina* mit herrlichem Weitblick ein. Die gemütliche Altstadt – 1471 gegründet, von einer Ringmauer umfasste Turmhäuser und enge Gassen – nistet küstennah oberhalb des ☀ *Capo Sant'Ampelio.*

SEHENSWERTES

INSIDER TIPP GIARDINO ESOTICO PALLANCA ☺

Im Klima der Riviera di Ponente gedeiht selbst Tropisches – wovon Sie sich in diesem schönen Kakteen- und Sukkulentengarten (rund 3000 Arten!) Richtung Sanremo überzeugen können. Der Garten verkauft kleine Kakteen jeder Art sowie Aloe-vera-Produkte aus eigenem Bioanbau. *Di–So 9–12.30 und tgl. 14.30–19 (im Winter bis 17.30) Uhr | Via Madonna della Ruota 1 | www.pallanca.it*

MUSEO-BIBLIOTECA BICKNELL

Die sehenswerte Liguriensammlung des englischen Botanikers und Archäologen Clarence Bicknell: Pausabdrücke bronzezeitlicher Felszeichnungen, antike Fundstücke und Botanisches. *Mo/Di und Do/Fr 9.30–13 und 13.30–16.45 Uhr | Via Romana 39*

ESSEN & TRINKEN

AGUA BISTRÒ DEL MARE

Gutes, modernes Fischlokal, schön am Meer beim Belvedere la Rotonda gelegen. *Im Sommer tgl. | Lungomare Argentina 3 | Tel. 01 84 26 21 08 | €€*

MAGIARGÉ

Schönes Lokal im alten Teil von Bordighera mit guter Slow-Food-Küche. Probieren Sie den Stockfisch auf ligurische Art! Im Sommer sitzt man auf der Piazza. *Mo/Di,* *Juli/Aug. mittags geschl. | Piazza Viale | Tel. 01 84 26 29 46 | www.magiarge.it | €–€€*

STRÄNDE

Der Strand am Lungomare Argentina ist recht schmal und meist mit feinem Kies bedeckt. Das machen die einladenden Badeanstalten und Strandlokale wett; auch abends bumme t es sich hier sehr angeregt. Der beliebteste freie Meerzugang erstreckt sich unterhalb der Altstadt am Capo Sant'Ampelio.

ÜBERNACHTEN

GRAND HOTEL DEL MARE

Klassisch-elegantes Komforthotel mit zauberhaftem Garten überm Meer, mit Pool, Fitness- und Beautyeinrichtungen. *99 Zi. | Via Portico della Punta 34 | Tel. 01 84 26 22 01 | www.grandhoteldelmare. it | €€€*

LA TERRAZZA

Der Name dieses Bed & Breakfasts in einem historischen Turmhaus in der Altstadt, verwinkelt und ohne Aufzug, dafür romantisch und frisch, verweist auf die phantastische ☀ Panoramaterrasse fürs Frühstück. *2 Zi. | Via Pompeo Mariani 4 | Tel. 38 86 90 96 33 | www.laterrazzabordi ghera.com | €*

VILLA ELISA

Mit Geschmack und Atmosphäre geführtes Hotel in einer alten Villa mit Park im oberen Stadtteil. *35 Zi. | Via Romana 70 | Tel. 01 84 26 13 13 | www.villaelisa.com | €€–€€€*

AUSKUNFT

Via Vittorio Emanuele II 172 | Tel. 01 84 26 23 22 | www.visitrivieradeifiori.it

PRINCIPATO DI SEBORGA

(130 B6) (*M C7*)

Eifrige Heimatforscher haben herausgefunden, dass das 300-Seelen-Dorf Seborga seit dem 11. Jh. einen bis heute nicht revidierten Status als freies Fürstentum hat. So versucht die Bevölkerung seit den Sechzigerjahren des 20. Jhs. so etwas wie ein zweites San Marino ins Leben zu rufen, mit einem gewählten Fürsten, mit Münzprägung (1 Luigino = ca. 7 US-$) und mit eigenen Briefmarken. Ein Kuriosum, 10 km nördlich von Bordighera hübsch gelegen und mit viel Lust am Feiern. *proseborga.com*

FINALE LIGURE

(132 C6) (*M G4*) ⭐ **Kletterern leuchten die Augen beim Gedanken an die Bergkulisse von Finale Ligure: An den atemraubenden ☆ Felswänden aus hellem Kalkgestein hoch über der Küste trifft sich die europäische Freeclimberszene.**

Das gilt auch für die Freerider, die Fans extremer Mountainbikestrecken: Hier findet am dritten Maiwochenende eines der beliebtesten MTB-Events Europas statt *(www.24hfinale.com)*. Hinzu kommen ideale Bedingungen zum Segeln und Tauchen – all das macht aus Finale die ● italienische Kapitale des Outdoorsports zu Land und zu Wasser, gekrönt von der Auszeichnung zur European Town of Sport 2012.

Hinter dem Namen Finale verbergen sich eigentlich drei Orte (insgesamt 13 000 Ew.), die 1927 zu einer Gemeinde zusammengefügt wurden: *Finale Marina,* heute ein lebhaftes, freundliches Ferienstädtchen, erstreckt sich an einem breiten, feinsandigen Küstenstreifen zwischen den Mündungen der Bergflüsse Pora und Sciusa. Die Strandpromenade säumen Palmen, schöne alte Stadthäuser mit Arkaden schmücken den Ortskern, etwa an der Piazza der Barockkirche San Giovanni Battista oder an der zum Meer hin offenen Piazza Vittorio Emanuele. Jede Menge Hotels, Cafés, Restaurants und Sportangebote sorgen fürs Wohlbefinden.

Finalpia schließt sich östlich der Sciusamündung an, der Strand ist schmaler, der Ort ruhiger; einen Besuch lohnt im alten Kern die Abtei *Santa Maria di Pia.* *Finalborgo* liegt 2 km landeinwärts oberhalb der Küstensiedlung und besitzt einen malerischen mittelalterlichen Kern hinter hohen Festungsmauern aus dem 15. Jh. Bunte Historienspektakel *(www.centrostoricofinale.it)* im Juli und August ziehen Tausende von Besuchern an und haben zur Gründung interessanter Musikgruppen geführt wie I Sonagli di Tagatam. Die Kirche *San Biagio* weist ein prachtvolles spätbarockes Inneres auf. Oberhalb des Borgo thront die Burg ☆ *Castel Gavone,* in einem 15-minütigen Spaziergang zu erreichen.

MUSEO CIVICO DEL FINALE

In Finalborgo zeigen Funde aus Felshöhlen im Gebiet von Finale, wie diese in grauer Vorzeit bewohnt waren. *Juli/Aug. Di–So 10–12 und 16–19, Sept.–Juni Di–So 9–12 und 14.30–17 Uhr | Piazza Santa Caterina Finalborgo | www.museoarcheofinale.it*

BUGAMATTA

An der Uferpromenade von Marina kurz vor der zentralen Piazza finden Sie dieses kleine Lokal (reservieren!) mit empfehlenswerter, einfallsreicher Fischküche. *Mi-Mittag und Di geschl. | Via San Pietro 13 | Tel. 0 19 69 34 52 | €€*

AI QUATTRU CANTI

Oben in Finalborgo an wenigen Tischen echte ligurische Küche, ein Slow-Food-Tipp. *So-Abend und Mo geschl. | Via Torcelli 22 | Tel. 0 19 68 05 40 | €*

AGRITURISMO ROCCA DI PERTI

Hier bekommen Sie auf Reservierung schmackhafte Landküche im erfrischen-

RESIDENCE GLICINI

500 m vom Meer im ruhigen Ortsteil Finalpia bietet dieser einfache, aber ansprechende Ferienwohnungskomplex 20 verschieden große Wohneinheiten, alle frisch, sauber, zweckmäßig (Ikeastil), bei gutem Preis-Leistungs-Verhältnis – ideal für Familien oder junge Leute. Die hilfsbereiten Betreiber stellen auch Gäste-

Palmenpromenaden wie hier in Finale stehen sinnbildlich für das milde Klima der Riviera

den Grünen oberhalb des Castel Gavone; auch drei nette Zimmer. *Nur Do–Sa abends und So-Mittag geöffnet | Ortsteil Chiazzari | Tel. 0 19 69 55 13 | www.laroccadiperti.it | €–€€*

ÜBERNACHTEN

AGRITURISMO LA CA' DELL'ALPE 🌱

Lauschig im Wald 14 km landeinwärts gelegen, ausgestattet mit Sonnenenergie, mit Pool und mit Pferden. Sechs Zimmer, zwei Häuschen, ein Apartment, Zeltplätze und Restaurant. *Rialto | Via Alpe 10 | Tel. 0 19 68 80 30 | www.agriturismofinaleligure.it | €*

räder zur Verfügung. *Via Abate Bolognani 5 | Tel. 0 19 60 06 71 | www.glicini.it | €*

INSIDER TIPP ▶ LETTI AL CASTELLO 🌱

Sehr romantisch: drei hübsche B-&-B-Zimmer in den Festungsmauern von Finalborgo mit Garten und Biofrühstück. *Piazzetta Meloria 4 | Tel. 0 19 69 50 56 | www.lettialcastello.it | €*

MEDUSA 🌱

Ein hübsches, nett geführtes Hotel direkt am Meer, auf Mountainbiker eingestellt und ökoorientiert. *32 Zi. | Lungomare di Via Concezione | Tel. 0 19 69 25 45 | www.medusahotel.it | €€*

PUNTA EST ⭐ 🔆

Dieses Traumhotel in einer alten, typisch ligurischen Villa mit modernem, aber stilgerechtem Anbau an der östlichen Spitze von Finale bezaubert mit seiner Atmosphäre gehobener Sommerfrische, etwa auf den Gartenterrassen mit atemraubendem Ausblick auf die Küste und das Meer. Mit Pool, Spabereich in einer Grotte und feinem Restaurant. *40 Zi., 5 Apartments | Via Aurelia 1 | Tel. 0 19 60 06 11 | www.puntaest.com | €€€*

STRÄNDE & FREIZEIT

Am langen und recht breiten Sandstrand gibt es für die Ponente überdurchschnittlich viele freie Strandabschnitte, einige sogar mit Gratisduschen. Zahlreiche Alpenführer, Sportgruppen und Geschäfte bieten Touren, Unterricht, Material zu den verschiedenen Outdooraktivitäten an. Adressen in der Touristeninformation oder auf *www.visitfinaleligure.it* (in der italienischen Version!).

AM ABEND

Der allabendliche Bummel führt zur zentralen Piazza Vittorio Emanuele über die Hauptmeilen Via della Concezione/Via San Pietro mit ihren Bars und Cafés. Sehr angesagt ist die Cocktailbar *New Clipper (Via San Pietro 24)*. Im *La Tana del Borgo (Via dell'Annunziata 2)* in Finalborgo gibt es zum Wein leckere Imbisse und Livemusik. Ein schicker Treff – tagsüber Strandbad, abends Diskoclub – ist der *Bfly Beach Club (Lungomare Madonna di Loreto | www. bflybeachclub.com)* im Nachbarort Loano.

AUSKUNFT

Via San Pietro 14 | Tel. 0 19 68 10 19 | www. finaleligure.net, turismo.provincia.savo na.it, www.visitfinaleligure.it

ZIELE IN DER UMGEBUNG

ALTOPIANO DELLE MANIE
(132 C5) *(𝄄 G–H4)*

Von Finalpia aus geht es hinauf auf die naturgeschützte Hochebene der Manie (8 km), mit Wiesen voller Blumen und Kräuter, Wäldern aus Eichen und Lärchen und Grotten ein beliebtes Biker- und Wandergebiet mit ländlichen Ausflugslokalen. Flankiert wird die Hochebene vom Tal Val Ponci, berühmt für fünf gut erhaltene römische Brücken.

BORGIO VEREZZI, PIETRA LIGURE UND LOANO (132 B–C6) *(𝄄 G4–5)*

Die Gemeinde *Borgio Verezzi* (2200 Ew.) setzt sich zusammen aus einem kleinen Küstenflecken südlich des Felskaps Capo di Caprazoppa vor Finale Ligure und ein paar malerischen 🔆 Weilern in den ersten Anhöhen, wie Borgio und ● Verezzi, beliebte Ausflugsziele wegen ihrer guten Trattorien, in Borgio vor allem *Dâ Casetta (Di und außer Sa/So mittags geschl. | Tel. 0 19 61 01 66 | €€)*. Besuchen Sie die Tropfsteinhöhlen ● **INSIDER TIPP** *Grotte di Borgio* (Di–So Führungen um 9.30, 10.30, 11.30, 15, 16, 17 Uhr | www.grottediborgio. it) mit ihren Farbreflexen und unterirdischen Seen.

Viele Ausflugsgäste kommen aus den südlich gelegenen Badeorten *Pietra Ligure (www.pietraligure.net)* und *Loano.* Beide Orte haben saubere Strände und farbige, zum Bummel einladende Ortskerne. In Pietra Ligure empfehlen sich die gepflegten Ferienwohnungen der *Residence Oleandro (50 Apartments | Via Mollastrini 54 | Tel. 0 19 62 50 71 | www.residence oleandro.com | €–€€)*. In Loano lädt die gut ausgestattete, familienfreundliche Ferienanlage *Loano 2 Village (90 Zi., 25 Apartments | Via Alpini 6 | Tel. 01 96 79 11 | www.loano2village.it | €€)* zum Bleiben ein.

NOLI UND SPOTORNO
(133 D5) (*M H4*)

Ein echtes Juwel ist ★ *Noli:* Das nahezu intakte mittelalterliche Städtchen (3000 Ew.) schmiegt sich 10 km nordöstlich in eine Bucht mit Strand vor dem Bergbuckel des Capo Noli. Türme, niedrige Arkaden, eine hochromantische Burgruine und vor allem die eindrucksvolle Kirche *San Paragorio* aus dem 11. Jh. zeugen von der einstigen Bedeutung Nolis, das

Bergeggi vorgelagert. Auf das schaut man von der Terrasse des guten Fischrestaurants (tagsüber Strandbad) *Bagni Samoa* (tgl., im Winter nur Sa/So | Via Aurelia 1 | Tel. 01974 1125 | www.bagnisamoa. it | €€).

TOIRANO (132 B6) (*M F5*)

Vom 10 km südlich gelegenen Borghetto Santo Spirito geht es hinauf nach Toirano, Ziel sind die berühmten Tropfsteinhöhlen

Baden vor grandioser Naturkulisse: Strand unterhalb von Capo Noli

im Mittelalter eine freie Hafenstadtrepublik war. Manch schöner alter Palazzo bietet heute charmante B-&-B-Unterkünfte, z. B. die *Casa Pagliano (5 Zi | Corso Italia 8–12 | Tel. 01974 99448 | www. casapagliano.com | €€).*

Auf Noli folgt einer der größten Badeorte der Ponente, *Spotorno,* mit schöner, bunter Altstadt am langen Sandstrand. Eine Hotelempfehlung im Zentrum nicht weit vom Meer: *Il Melograno (18 Zi. | Via Garibaldi 21 | Tel. 0 19 74 52 74 | www.hotelmelograno.com | €€).* Der nördlichen Felsküste ist das naturgeschützte Inselchen

(s. Kapitel „Mit Kindern unterwegs"). Eine Empfehlung zur Einkehr ist der **INSIDER TIPP** *Agriturismo La Ferla (Via Provinciale 53 | Tel. 018 29 82 79 | www. agriturismolaferla.it | €–€€)* am nördlichen Ortsrand mit vier behaglichen Wohnungen und ganz besonders guter Küche – das frische Gemüse kommt aus eigenem Anbau.

INSIDER TIPP VARIGOTTI
(132 C6) (*M H4*)

Ernest Hemingway liebte Varigotti mit seiner zauberhaften Front der bunten ehemaligen Fischerhäuser direkt am feinkieseligen Strand. Gleich hinter dem Yachthafen von Finale Ligure kommt das 1000-Seelen-Dorf mit seinem beschaulichen Kern aus maurisch anmutenden Häusern – ideal für einen romantischen Spaziergang. Wenn Mitte September die paar Badeanstalten am Strand ihre Kioske abgebaut haben und die Sonne am Abend die Häuser in rosafarbenes Licht taucht, kann man sich kaum ein idyllischeres Fleckchen am Meer vorstellen.

IMPERIA

(131 E5) (*ØD E7*) **Zwei recht verschiedene Ortsteile bilden seit 1923 die Gemeinde Imperia (41 000 Ew.): im Südwesten Porto Maurizio, im Nordosten, jenseits der Mündung des Flusses Impero, Oneglia.** Hier verlief die Grenze zwischen der Republik Genua und dem Staat der Savoyer aus Turin: Die verwinkelte Altstadt von Porto Maurizio auf dem Hügel mit dem stattlichen neoklassizistischen Dom San Maurizio nennt sich Parasio nach dem ehemaligen Gouverneur Genuas. Borgo Marina heißt der Teil, der zum Sporthafen und dem schönen Strand Spiaggia d'Oro hin abfällt, Borgo Foce und Borgo Prino ziehen sich an der Küste entlang nach Südwesten. Oneglia zeigt sich in durch Industrie ziemlich zersiedeltem Gewand, doch kann man im Zentrum gut einkaufen, und der kleine Fischereihafen ist immer noch aktiv, mit einer Markthalle und ein paar Restaurants und Bars unter den Arkaden.

SEHENSWERTES

MUSEO NAVALE INTERNAZIONALE DEL PONENTE LIGURE
Schiffsmodelle, Navigationsinstrumente und Karten geben Einblick in die einstige Schifffahrt zwischen der Ponente und dem Rest der Welt. *Mi und Sa 15.30–19.30, Juli/Aug. 21–23 Uhr | Piazza del Duomo | Porto Maurizio*

INSIDER TIPP ▶ MUSEO DELL'OLIVO
Beim bekannten Olivenölproduzenten Fratelli Carli sieht man, wie das köstliche Öl gewonnen wird. Mit schönem Garten. *Mo–Sa 9–12.30 und 15–18.30 Uhr | Via Garessio 11 | Oneglia | www.museodellolivo.com*

ESSEN & TRINKEN

AGRODOLCE
Kreative Küche am Fischerhafen von Oneglia, ein kulinarisches Erlebnis. *So-Mittag und Mi geschl. | Via Des Geneys | Tel. 01 83 29 37 02 | www.ristoranteagrodolce.it | €€–€€€*

TRATTORIA DELLA ETTA
Das dank seiner sorgfältigen ligurischen Landküche sehr beliebte Ausflugslokal liegt 14 km landeinwärts im Dorf Lucinasco. *Mo geschl. | Via Roma 33 | Lucinasco | Tel. 01 83 52 36 7 | www.dallaetta.com | €€*

OSTERIA DAI PIPPI
Winzige Trattoria mit schmackhaften Stockfischrezepten unweit des Sporthafens von Porto Maurizio. *Mittags geschl. | Via dei Pellegrini 9 | Tel. 01 83 65 21 22 | €–€€*

STRÄNDE
Direkt vor Porto Maurizio liegt die beliebte *Spiaggia d'Oro,* hier trifft sich auch die Surferszene, die Imperia wegen seiner Winde zu schätzen weiß. Weitere Strände erstrecken sich in *Borgo Foce* und *Borgo Prino,* die durch eine Promenade miteinander verbunden sind.

AM ABEND

Ein idealer Platz für den Sundowner ist das Strandbad und Restaurant *Sporting Spiaggia d'Oro* am gleichnamigen Stadtstrand; auch am Yachthafen trifft man sich, etwa in der *Greenwich Bar,* während am Strand von Borgo Prino die besten Beachpartys stattfinden. Der Beachclub *Co-Co-Beach* residiert an der Spianata Borgi Peri in Oneglia.

ÜBERNACHTEN

B & B ARCADIA MARINA 🌿
Unterhalb der Altstadt erfreut diese Unterkunft mit zwei heiter ausgestatteten Zimmern und einer tollen Dachterrasse. *Corso Garibaldi/Via Fiume 1 | Tel. 0183 66 65 17 | www.arcadiamarina.it | €*

RELAIS SAN DAMIAN
Im ländlichen Hinterland Imperias zwischen Olivenhainen oberhalb von Dolce-do zehn geschmackvolle Suiten mit Pool. *Strada Vasia 47 | Tel. 0183 28 03 09 | www.san-damian.com | €€–€€€*

AUSKUNFT

Piazza Dante 4 | Oneglia | Tel. 0183 27 49 82 | www.visitrivieradeifiori.it

ZIELE IN DER UMGEBUNG

CERVO 🌿 (131 E–F4) (*m* F6)
Bougainvillea über schmiedeeisernen Pforten, ein Kastell – Sitz des interessanten Bauern- und Handwerksmuseums *Museo Etnografico del Ponente Ligure (Di–So 10–13 und 14–18 Uhr)* –, mittelalterliche Gassen und Treppen bis hinunter an die Küstenstraße, eine alles überragende, prachtvolle Barockkirche, die einfallsreiche Küche des edlen Restaurants (auch zwei elegante Suiten und Weinbar) *San Giorgio (Mo-Abend und Di geschl. | Via Volta 19 | Tel. 0183 40 01 75 | €€–€€€)*

In Imperias Hafen recken sich neben Palmen auch Kräne dem Himmel entgegen

sowie ein renommiertes Sommerfestival der Kammermusik *(www.cervo.com/festival.php)* ergeben ein absolut lohnendes Ausflugsziel (1300 Ew.) an der Ponenteküste 10 km nordöstlich von Imperia. Auskunft: *Piazza Santa Caterina 2 | Tel. 0183 40 81 97 | www.cervo.com*

Platz für Pflanzentöpfe ist in der schmalsten Gasse: Altstadt von Cervo

DIANO MARINA (131 E5) *(ΩΩ F7)*

An Cervo schließen sich die modernen Badeorte San Bartolomeo al Mare und das vor allem bei Deutschen, Jugendlichen und Reiseveranstaltern beliebte Diano Marina mit einem langen, schönen Sandstrand an. Eukalyptusbäume, Pinien und Palmen säumen die Straßen, Gemüse- und Obstanbau kennzeichnen das flache Hinterland. Es gibt jede Menge Ferienwohnungen, Hotels und Campingplätze, z. B. die 20 gepflegten Ferienwohnungen der *Residence Palm Beach (Corso XX Settembre 6 | Tel. 0183 40 75 45 | www.residencepalmbeach.it | €)* direkt

am Meer an einem freien Strandabschnitt. Ein besonders empfehlenswertes Hotel ist das *La Baia (27 Zi. | Via degli Oleandri 36 | Tel. 0183 40 45 15 | www.hotellabaia.it | €€–€€€)* ebenfalls direkt am Strand: geschmackvoll modern, mit guter Küche und hoch gelobtem Service. Im Mai/Juni, zum **INSIDER TIPP** Fronleichnamsfest, bedecken den Asphalt Millionen von zu kunstvollen Mustern gelegten Blüten.

Das 7 km landeinwärts gelegene Dorf *Villa Faraldi* bildet die stimmungsvolle Kulisse für ein renommiertes Theater- und Musikfestival im Juli *(www.villafaraldifestival.com)*. Bei allen Urlaubswünschen hilft das Fremdenverkehrsamt *(Piazza Dante 60 | Tel. 0183 49 69 56 | www.visitrivieradeifiori.it)*.

Die sommerliche Danceszene erstreckt sich bis ins benachbarte Imperia-Oneglia, in Diano Marina mit der Diskothek *Fieramosca (Via Mortula 4)* und den Diskopartys des großen Strandlokals *Rocce di Pinamare (Via Aurelia 39)* in Andora.

SANREMO

(130 C6) *(ΩΩ D7)* ⭐ Einst Inbegriff der mondänen Belle-Époque-Gesellschaft, die sich ab Mitte des 19. Jhs. in Sanremo im Spielkasino und in den prachtvollen Hotels traf, lebt die Stadt (56 000 Ew.) heute von gediegenem Massentourismus und als Kapitale der Riviera dei Fiori von der Schnittblumenindustrie.

Geblieben sind schöne Gärten, ein paar stattliche Villen und Hotelbauten, die orthodoxe Kirche mit Zwiebeltürmchen der russischen Aristokratie, einst Stammpublikum Sanremos, sowie der mächtige Kasinobau, das Wahrzeichen der Stadt.

Einmal im Jahr rückt Sanremo ins TV-Rampenlicht, wenn es Ende Februar zum

Schauplatz des italienischen Schlagerfestivals wird, das die Italiener für eine Woche vor die Mattscheibe bannt. Im November sind die anspruchsvolleren Liedermacher an der Reihe, beim **INSIDER TIPP** *Festival Premio Tenco* (www. clubtenco.it).

Sanremo hat richtig städtisches Flair, dazu gehören Parkanlagen, dichter Verkehr, Alleen und mit dem Corso Matteotti eine lange Bummelmeile, an der sich ein Schaufenster ans andere reiht. Im Westteil der Stadt finden sich noch einige der alten Prachthotels (Hotel Royal, Hotel Europa, Grand Hotel de Londres) sowie das Kasino. Im Zentrum erhebt sich gen Norden die mittelalterliche Altstadt, La Pigna genannt, ein Gassenlabyrinth, das den Aufstieg lohnt. Zu den Villenvierteln im Ostteil der Stadt gehören die Stadtparks Villa Ormond und Villa Nobel voller exotischer Vegetation.

SEHENSWERTES

KATHEDRALE SAN SIRO
Ende des 19. Jhs. hat man diese spätromanische, dreischiffige Pfeilerbasilika von ihrer Barockisierung befreit. Zwei Kreuzigungen beeindrucken im Innern.

MADONNA DELLA COSTA ☆
Einen tollen Überblick über Sanremo hat man vom Hügel dieser Wallfahrtskirche. Ursprünglich aus dem 14. Jh., präsentiert sich der im Innern prachtvoll mit Stuck und Marmor ausstaffierte Tempel heute im Gewand des 17./18. Jhs. Man erreicht ihn über eine schattige Allee bzw. die Gartenanlage Giardini Regina Elena oberhalb der Altstadt.

MONTE BIGNONE ☆
Einst führte eine Seilbahn auf den 1299 m hohen Hausberg Sanremos. Heute erreicht man den von vielen Antennenmasten verunstalteten Gipfel mit dem Auto, dem Bus (von der Piazza Colombo) oder zu Fuß. Er steht unter Naturschutz und ist ein beliebtes Ausflugsgebiet, u. a. auch für Mountainbiker.

MUSEO ALFRED NOBEL
In der Villa mit schönem Park im Osten Sanremos verbrachte der schwedische Erfinder des Dynamits und Stifter des nach ihm benannten Preises seine letzten sechs Lebensjahre. Zu sehen sind die originale Einrichtung, wissenschaftliche Errungenschaften und Exponate zum Thema Dynamit. *Di–Do 10–12.30, Fr–So 10–12.30 und 15–18 Uhr | Corso Cavallotti 116*

MUSEO CIVICO
Im manieristisch-barocken Palazzo Borea d'Olmo sind das Stadtmuseum (Funde zur Frühgeschichte und Antike im Raum Sanremo) sowie eine Sammlung ligurischer Malerei aus dem 17.–19. Jh. untergebracht. *Di–Sa 9–19 Uhr | Via Matteotti 143*

ESSEN & TRINKEN

CAFÉ PER MARE
Angesagter, schicker Treffpunkt am Porto Vecchio von morgens bis spätabends zu Kaffee, Drinks, Essen und ausgesuchten Weinen. *Tgl. | Via Nazario Sauro 42/44 | Tel. 01 84 50 37 55 | www.cafepermare.it | €€*

NUOVO PICCOLO MONDO
Typisch ligurische Küche im Zentrum mit viel Gemüse, leckeren Nudelgerichten, Fischsuppe, Kaninchenbraten. *Mo-Abend und So geschl. | Via Piave 7 | Tel. 01 84 50 90 12 | €€*

PAOLO E BARBARA
Eines der Toprestaurants an der italienischen Riviera mit exzellenter Küche und

Weinen zu stolzen Preisen. *Im Juli Mo–Do, sonst Fr-Mittag und Mi/Do geschl. | Via Roma 47 | Tel. 01 84 53 16 53 | €€€*

PRAVDA CAFÉ

Die Russen sind wieder da: halb Bar, halb Restaurant mit reicher Wodkaauswahl, italienischer Pasta und russischen Blinis – ein ausgefallener Treffpunkt im Zentrum. *So geschl. | Piazza San Siro 16 | Tel. 01 84 59 18 29 | www.pravdacafe.com | €–€€*

TRE SCALINI

Frischer Fisch und leckere Pizzen: ein guter Tipp unter den zahlreichen Restaurants an der Piazza Bresca/Piazza Sardi. *Mo geschl. | Piazza Sardi 2 | Tel. 01 84 57 41 64 | €–€€*

EINKAUFEN

Am zentralen Corso Matteotti reiht sich eine renommierte Boutique an die andere. Ein empfehlenswertes Kaufhaus ist *Coin (Corso Matteotti 50/52)*. Gute Adressen gibts auch an den Nebenstraßen wie Via Palazzo und Via Corradi. An der Piazza Eroi Sanremesi ist montags bis samstags *Markt* (Lebensmittel, dienstags und samstags auch Kleidung).

FREIZEIT & SPORT

Die ☆ stillgelegte Bahntrasse längs der Küste mit herrlichem Blick aufs Meer wird Kilometer um Kilometer zu einer **INSIDER TIPP** komfortablen Fahrradpiste *(www.pistaciclabile.com)* umfunktioniert. 24 km von Sanremo nach San Lorenzo al Mare sind schon fertig. An verschiedenen Punkten kann man Räder mieten und ans Meer zum Baden gelangen. Im bergigen Hinterland gibt es eine ganze Reihe von MTB-Touren *(www.mtbsanremo.it)*. Die Stadt ist zudem im Juni Ziel des bekannten Amateurradrennens Milano–Sanremo. Außerdem gibt es zwei Yachthäfen und einen Golfplatz.

AM ABEND

INSIDER TIPP PIAZZA BRESCA

An den beiden aufeinanderfolgenden Plätzchen Piazza Bresca und Piazza Sardi oberhalb des Hafens Porto Vecchio voller Restaurants und Bars trifft man sich tagsüber wie abends.

SPIELKASINO ●

Im kitschig-steifen Jugendstil des Kasinos von 1906 traf sich einst die europäische Noblesse. Obschon heute sehr viel profaner, geht es aber nach wie vor um Spiellust und -qual. *Corso degli Inglesi 18 | www.casinosanremo.it*

VICTORY MORGANA BAY

In der an eine elegante Yacht erinnernden Rotunde über dem Meer trifft man sich zum Cappuccino, zur Happy Hour, zu sehr guten Cocktails, zu Fisch- und Fusionküche und zu DJ-Musik. *Corso Trento e Trieste 16 | www.victorymorganabay.it*

ÜBERNACHTEN

B & B PISOLO RESORT

Diese sechs modernen, komfortablen Zimmer im Zentrum zehn Fußminuten vom Stadtstrand überzeugen mit einem guten Preis-Leistungs-Verhältnis. *Piazza C. Colombo 29 | Tel. 34 08 74 83 23 | www.pisoloresort.it | €*

MARISTELLA

Ordentliche Ausstattung, sauber und in guter Lage an der Küstenstraße nahe zum Zentrum. Ein weiteres Plus ist der Gratisparkplatz. *32 Zi. | Corso Imperatrice 32 | Tel. 01 84 66 78 81 | www.miramare sanremo.it | €–€€*

HOTEL DE PARIS ●

Eines der schönen alten Hotels des 19. Jhs. mit besonders charmanter, sorgfältig renovierter Innenausstattung, gutem Restaurant, Teesalon und Wellnessbereich – ideal auch für ein paar Wintertage. *28 Zi. | Corso Imperatrice 66 | Tel. 0184192 5250 | www.hoteldeparis sanremo.it | €€€*

ROYAL ●

Traditionsreiches Luxushotel mit Wellnessabteilung. *140 Zi. | Corso Imperatrice 80 | Tel. 0184 53 91 | www.royalhotelsan remo.com | €€€*

CAMPING VILLAGGIO DEI FIORI

Ein schattiger Platz mit Bungalows am Meer, ganzjährig geöffnet. *Via Tiro a Volo 3 | Tel. 0184 66 06 35 | www.villaggiodei fiori.it*

AUSKUNFT

Largo Nuvoloni 1 | Tel. 0184 59 09 59 | www. rivieradeifiori.org

ZIELE IN DER UMGEBUNG

BUSSANA VECCHIA ☆

(130 C5) (*ω D7*)

1887 wurde das 300 m über der Küste gelegene Dorf durch ein Erdbeben zerstört und blieb bis in die Sechzigerjahre des 20. Jhs. ein Geisterdorf, bis Künstler und Aussteiger sich hier in den Ruinen eine neues Leben einrichteten. Heute ist es mit seinen Ateliers, Werkstätten und ein paar netten Lokalen – z. B. das ☺ Biorestaurant *Ristorante Naturale Apriti Sesamo (abends geschl. | Via alla Chiesa | Tel. 0184 51 00 22 | €–€€)* – ein beliebtes und höchst fotogenes Ausflugsziel. *www.bussana-vecchia.it*

VALLE ARGENTINA

(130 C4–5) (*ω D6–7*)

Ein klassisches Ausflugsziel von Sanremo aus ist die Fahrt ins Tal des Flusses Argentina mit dem stimmungsvollen mittelalterlichen Städtchen Taggia. Eine genaue Beschreibung des Ausflugs finden Sie im Kapitel „Ausflüge & Touren".

Seit mehr als 100 Jahren lockt Sanremo mit seinem Spielkasino

Einst ein Kerker, ist die Renaissancefestung Priamar heute ein Ort der Kultur

SAVONA

(133 D4) (🗺 H3) Mit etwa 66 000 Ew. ist Savona die drittgrößte Stadt Liguriens und dank der weit vorragenden Felsspitze als Hafen (heute mit stark frequentiertem Kreuzfahrtterminal) seit jeher bestens geeignet.

Hat man einmal die wenig attraktive Peripherie überwunden, laden stattliche Boulevards des 19. Jhs. wie Via Paleocapa und Corso Italia zum Bummeln ein, nette Läden säumen die Altstadtgasse Via Pia. Und ums Hafenbecken reihen sich Restaurants und Cafés. Das alles beherrscht zum Meer hin die gewaltige Festung Priamar.

SEHENSWERTES

DOM SANTA MARIA ASSUNTA

Schweres Marmordekor, typisch für die Entstehungszeit (16./17. Jh., die Fassade stammt aus dem 19. Jh.), kennzeichnet die Kathedrale. Achten Sie auf das schöne Chorgestühl von 1515. Durch den Kreuzgang mit 21 Heiligenfiguren aus Marmor gelangt man in die Sixtinische Kapelle, ursprünglich aus dem 15. Jh., heute in überschwänglichem Rokoko. *Piazza Duomo*

FORTEZZA PRIAMAR

Ein mächtiges Beispiel der Militärarchitektur der Renaissance – Genua ließ die Festung am Meer 1542 für eine Garnison errichten. Heute beherbergt sie Ausstellungen, Kulturveranstaltungen und das *Archäologische Museum (Mi–Fr 10–12.30 und 15–17, Sa–Mo 10.30–15, Mitte Juni– Mitte Sept. Mi–Mo 10.30–15 Uhr | www. museoarcheosavona.it)* im Palazzo della Loggia. In der Festung befindet sich außerdem die *Sammlung des ehemaligen Staatspräsidenten Sandro Pertini (Mo 9.30–12.30 Uhr)* mit Werken bedeutender italienischer Künstler wie Guttuso, Morandi, Vedova, Messina. *Corso Mazzini 1*

PINACOTECA CIVICA

Ligurische Malkunst von 13.–18. Jh., feine Keramik, moderne Meister wie Giorgio De Chirico und Pablo Picasso, das alles wunderschön untergebracht im Palazzo Gavotti. *Mo–Mi 9.30–13, Do–Sa 9.30–13 und 15.30–18.30, So 10–13 Uhr | Piazza Chabrol 2*

ESSEN & TRINKEN

BACCO
Muntere Osteria in Hafennähe. Probieren Sie den Fischeintopf *buridda! So geschl. | Via Quarda Superiore 17 r | Tel. 0 19 83 35 35 05 | €€*

INSIDER TIPP ▶ CAFÉ BESIO
Ein Must ist das Café an der Piazza Mameli mit seinen Spezialitäten aus *chinotto,* der typischen Zitrusfrucht aus dem Hinterland Savonas. *Tgl. 6.30–20 Uhr*

ÜBERNACHTEN

MARE HOTEL
Wer komfortabel wohnen, sich im Pool oder am schicken hauseigenen Strand erfrischen und im eleganten Restaurant *A Spurcacciuna (Mi geschl. | €€€)* frische Meeresfrüchte essen möchte, der ist hier richtig. Etwas außerhalb. *65 Zi. | Via Nizza 89 r | Tel. 0 19 26 40 65 | www.mareho tel.it | €€*

AUSKUNFT

Via Paleocapa 76 r | Tel. 0198 40 23 21 | turismo.provincia.savona.it

ZIELE IN DER UMGEBUNG

ALBISSOLA MARINA UND ALBISOLA SUPERIORE (133 D4) (*∅ H3*)
Die beiden Gemeinden 3 km östlich bilden ein zusammengewachsenes, ziemlich städtisches Siedlungsgebiet. ★ Keramik, Keramik, Keramik: Hier verweist alles auf die jahrhundertelange Tradition der *Keramikherstellung*, Geschäfte (vor

allem in der Via Mazzini), Werkstätten, Häuserdekor, Promenadenpflaster (etwa das der Uferpromenade *Passeggiata degli Artisti* von Albissola Marina), Parkskulpturen, Keramikfestival im Juni und in Albisola Superiore das *Museo della Ceramica Manlio Trucco (Di–Sa 8.30–12.30, Mitte Juni–Mitte Sept. Di, Do, Sa 8.30–12.30, Mi und Fr 14–18.30 Uhr | Corso Ferrari 193)*. Eine Keramiksammlung des 20. Jhs. zeigt in Albissola Marina das Fabrikmuseum *Fabbrica Casa Museo Mazzotti (Mo–Fr 9–12 und 15–19 Uhr | Viale Matteotti 29 | www.gmaz zotti1903.it)*.

Einen Besuch lohnt in Albissola Marina die Villa Durazzo-Faraggiana (*Mitte März–Sept. Di–So 15–19 Uhr | Via Salomoni 117 | www.villafaraggiana.it)* in schönem Park, ein Anwesen aus dem 18. Jh., das – neben Keramik – zeigt, in was für einem luxuriösen Ambiente die ligurische Aristokratie einst lebte.

Im Sommer trifft man sich in den Beachlokalen von Albissola Marina, etwa im *Golden Beach Mivida* und im *Soleluna* am Lungomare Passeggiata degli Artisti und im Beachrestaurant mit Diskomusik *L'Ultima Spiaggia (Mo geschl. | Passeggiata Eugenio Montale 44 | Tel. 0 19 48 79 42 | www.lultimaspiaggia.eu | €€)* in Albisola.

ARENZANO (133 F3) (*∅ J2*)
Schon nah an Genua an einem Kiesstrand gelegen, lockt der Küstenort (11 500 Ew.) mit einem lebhaften Kern voller Läden, Cafés und Restaurants. Höhepunkt des Bummels ist der zauberhafte *Stadtpark* um die Rathausvilla *Negrotto Cambiaso* mit einem Brunnen, in dem sich Schildkröten tummeln.

Ein besonderer Speisetipp im benachbarten *Cogoleto* ist die saftige Fleischküche in der Metzgerei mit Esstischen **INSIDER TIPP** *Macelleria U Caruggiu du Maxellu (So und mittags geschl. | Via Co-*

lombo 52 | Tel. 010 9 18 32 78 | €–€€). Versäumen Sie nicht das köstliche Fruchtdessert *fruttini!*

CELLE LIGURE (133 E4) (⌕ J3)
Der gepflegte Badeort (5500 Ew.) 5 km nordöstlich mit üppigen Bepflanzungen und sauberen, feinsandigen Stränden hat einen besonders hübschen älteren Kern: Vanille-, zimt-, erdbeer-, pfirsich- und zitronenfarbene Fassaden schauen aufs Meer.

VARAZZE (133 E4) (⌕ J3)
Das Küstenstädtchen knapp 10 km nordöstlich – sehr touristisch mit zahlreichen Hotels, einem großen, modernen Yachthafen und gutem Wassersportangebot – ist uralt; seinen einstigen Reichtum hatte es als bedeutendes Werftzentrum erlangt. Die Altstadt mit vielen alten Kirchbauten lädt zum Bummel ein. Ein von Einheimischen empfohlener Restauranttipp am oberen Stadtrand ist *Il Mulino (Di-Mittag und Mo geschl. | Via Emilia Vecchia 3 | Tel. 0 19 93 01 08 | €€).*

VENTIMIGLIA

(130 B6) (⌕ C7) Eine typische Grenzstadt (26 000 Ew.) mit viel Durchgangsverkehr, die Franzosen kommen in Scharen von der teuren Côte d'Azur zum Einkaufen, vor allem am Freitag zum Wochenmarkt, einem der reichhaltigsten Italiens.

Westlich des Flusses Roja steigt der Altstadthügel an, Brücken verbinden die wenig attraktive Neustadt mit dem sehenswerten alten Kern. Pluspunkte sind Sehenswürdigkeiten in der Umgebung wie ein römisches Theater und frühhistorische Grotten sowie die Nähe zu Frankreich. Mit gepflegten Strandpromenaden und Fußgängerzonen zum Bummeln ver-

sucht man nun verstärkt auch Badeurlauber anzuziehen.

SEHENSWERTES

MUSEO ARCHEOLOGICO GIROLAMO ROSSI
Die einstige Savoyerfestung Forte dell'Annunziata beherbergt Fundstücke aus der römischen Zeit Ventimiglias. *Di–Sa 9–12.30 und 15–17, So 10–12.30 Uhr | Via Verdi 41 | www.fortedellannunziata.it*

ESSEN & TRINKEN

BALZI ROSSI ☼
Giuseppina Belgia gilt als eine der besten Köchinnen Liguriens; allerdings summieren sich die exzellenten Fischgerichte und Weine und das wunderbare Küstenpanorama zu einem stolzen Preis. *Di-Mittag und Mo geschl. | Piazzale A. De Gasperi 2 | Tel. 0 18 43 81 32 | www.ristorantebalzirossi.com | €€€*

RISTORANTE GIMMA
Klassisches Lokal im Zentrum, beliebt wegen seiner einfallsreichen und nicht überteuerten Küche. *So geschl. | Via Hanbury 6 | Tel. 01 84 35 29 01 | €–€€*

ÜBERNACHTEN

ROMANTIC CASA LORENZINA ☼
Phantastische Lage oberhalb der Via Aurelia im Ortsteil Villa Inferiore, geschmackvoll eingerichtet mit herrlicher Frühstücksterrasse. *4 Zi. | Corso Toscanini 30 | Tel. 34 71 61 10 45 | www.casalorenzina.it | €€*

SOLE MARE
An der Uferpromenade ein freundliches, frisches Haus mit schmackhafter Nudelküche im Ristorante *Pasta e Basta (Mo geschl. | €–€€). 28 Zi. | Passeggiata Mar-*

coni 22 | Tel. 0184 35 18 54 | www.hotel solemare.it | €–€€

Lungoroja Rossi | Tel. 0184 35 11 83 | www. visitrivieradeifiori.it

ZIELE IN DER UMGEBUNG

BALZI ROSSI (130 A6) (*B8*)

In den insgesamt neun *Grimaldi-Grotten* direkt am Meer vermitteln zahllose prähistorische Wandzeichnungen, wie die Menschen in der mittleren und älteren Steinzeit gelebt und gedacht haben. Sehenswert ist darüber hinaus das *Museo Preistorico dei Balzi Rossi (Di–So 8.30– 19.30 Uhr, Grotten bis 1 Std. vor Sonnenuntergang und nur bei gutem Wetter | www.viajuliaaugusta.com, www.archeo ge.arti.beniculturali.it).*

DOLCEACQUA ● (130 B5) (*C7*)

Um die 10 km nördlich gelegene, malerische Festungsstadt (Ruine einer Doria-Burg) wächst der beste ligurische Rotwein, der Rossese di Dolceacqua. Ein Einkaufs- und Ferientipp 8 km weiter nördlich ist **INSIDER TIPP** *Agriturismo Terre Bianche (Tel. 0 18 43 14 26 | www.terre bianche.com | €–€€)* im Ortsteil *Arcagna*. Hier können Sie Wein und Öl kaufen und zwischen acht netter Zimmern wählen.

GIARDINI BOTANICI HANBURY ★ (130 A6) (*B7–8*)

Angehende Gärtner und Botaniker reißen sich um ein Praktikum in diesem Pflanzenparadies, einer einzigartigen Mischung aus mediterraner und exotischer Vegetationspracht aus Asien, Lateinamerika, Afrika. Das Klima dieser Ecke Liguriens hat das möglich gemacht sowie die Gartenleidenschaft der Brüder Thomas und Daniel Hanbury aus England, die diesen berühmten Traumgarten ab 1867 anlegten. *Mitte Okt.–Feb. Di–So 9.30–16, März–Mitte Juni und Mitte Sept. –Mitte Okt. 9.30–17, Mitte Juni–Mitte Sept. tgl. 9.30–18 Uhr | Corso Montecarlo 43 | La Mortola | www.amicihanbury.com*

Von zahllosen Gärten und Parks wohl der schönste: Terrasse in den Giardini Botanici Hanbury

RIVIERA DI LEVANTE

Östlich von Genua beginnt die Riviera di Levante, die Küste der aufgehenden Sonne. Sie lockt mit Buchten, die sich Golfo Paradiso nennen: der paradiesische Golf vor Camogli. Oder Baia delle Favole, die märchenhafte Bucht, und Baia del Silenzio, die stille Bucht: Das sind die beiden Buchten, die den Felssporn von Sestri Levante flankieren.

Der Golfo dei Poeti, der Golf der Dichter, ist nach den romantischen Schöngeistern im 19. Jh. wie Lord Byron, Percy B. Shelley und John Keats benannt, die der Zauber des Küstenstreifens unterhalb von Lerici in Bann schlug.

Im Vergleich zur flacheren, weitläufigeren Riviera di Ponente mit ihren langen Sandstränden bietet die Riviera di Levante ein ganz anderes Bild: Sehr viel steiler und unzugänglicher fällt hier der Apennin ins Meer. Manchen Orten bleibt nur der Küstensaum von ausgefransten Felsspornen oder eine Reihe winziger Einbuchtungen, in die sie sich drücken. Diese Enge schützt sie indes auch vor Zersiedelung und Massentourismus.

Über die Bergrücken und Küstenkämme ziehen sich herrliche Wanderwege durch immergrüne Wälder, Buschlandschaften, Weinterrassen, Olivengärten. Dabei schweift der Blick immer wieder über die Küste und das glitzernde Meer.

Die Riviera di Levante beginnt in Nervi, diesem einst berühmten Villenort, in den im 19. Jh. Europas Könige und Literaten zur Sommerfrische fuhren und den sich heute längst die östliche Peripherie Genuas einverleibt hat. Lassen Sie sich da-

Bild: Portofino

An der Küste der schroffen Felsen:
Paradiesbuchten und romantische Klippen-
dörfer vor wild bewegter Bergkulisse

von nicht abschrecken, kommen Sie zur
Rosenblüte in den herrlichen Stadtpark
von Nervi mit seinen Villenmuseen voller
Schätze einstiger Lebenskultur. Vor allem
aber: Spazieren Sie über die 🌿 kilome-
terlange Klippenpromenade, die berühmte *Passeggiata Anita Garibaldi,* ein-
geschnitten in die Felsküste, an der das
Meer hochschäumt, mit atemrauben-
dem Weitblick auf dieses wunderschöne
Küstenrelief: Das ist genau die richtige
Stelle, um sich einzustimmen auf eine
Reise entlang der Riviera di Levante.

CAMOGLI

(134–135 C–D5) *(🛤 M3)* ⭐ 🔵 **Camogli,
am Golfo Paradiso vor der Kulisse der
Halbinsel von Portofino gelegen, ist für
viele der (teure) Lieblingsort an der Levante geworden:**
Das Küstenstädtchen (5900 Ew.) bezau-
bert mit seiner Häuserfront, die sich am
Strand in engem Schulterschluss auf-
türmt: keine geduckten, schmalen Fi-
scherhäuschen, sondern stattliche Häu-

ser mit hoch aufgeschossenen Fassaden in wunderschönen Farben und zusätzlich im Trompel'Œil-Stil aufgemalten Fenstern. Einst gab es hier Schiffswerften und Handelsgesellschaften, im 18. Jh. war die stammt noch aus dem 17. Jh.; vom kieseligen Strand trennt ihn ein Felsen, auf dem sich das mittelalterliche *Castello Dragone* sowie die trutzige Pfarrkirche mit prachtvollem Innern erheben. Vom Ha-

Markant und typisch ligurisch: die Front der hoch aufgeschossenen Häuser an Camoglis Strand

Flotte von Camogli größer als die Genuas. Viele Mailänder haben heute hier ihre Ferienwohnung, möglichst mit Blick aufs Meer und den gepflegten Kieselstrand. Diese Kieselsteine sind auf vielen Gassen und dem Kirchvorplatz zu schönen Pflastermustern gelegt. Von Camogli geht es hinauf in die Dörfer Ruta und ins herrlich gelegene San Rocco, Ausgangspunkt für ☀ **INSIDER TIPP** Wanderungen an die Landspitze Punta Chiappa, über den Bergrücken des Naturparks Monte Portofino oder in die Klosterbucht von San Fruttuoso.

SEHENSWERTES

HAFEN

Die Kaimauer der kleinen, beschaulichen Hafenanlage mit bunten Fischerbooten

fen starten Ausflugsboote nach San Fruttuoso, Portofino, in die Cinque Terre etc.

MUSEO MARINARO GIO BONO FERRARI

Schiffsmodelle, dokumentarische Gemälde und Fotografien zeigen die imposanten Segler, die hier einst gebaut wurden. *Mo, Do, Fr 9–12, Mi, Sa, So 9–12 und 15–18 Uhr | Via Gio Bono Ferrari 42 | www.museomarinaro.it*

SANTUARIO DEL BOSCHETTO

Auf dem Weg ins oberhalb von Camogli gelegene Dorf Ruta kommt man durch den Ortsteil Boschetto mit der Marienkirche Nostra Signora del Boschetto (17. Jh.); hier lohnt die Sammlung von anrührenden Exvotobildern einen Blick.

ESSEN & TRINKEN

LA CUCINA DI NONNA NINA ☆

Den Ausflug ins 6 km oberhalb gelegene Panoramadorf San Rocco krönen die leckeren Gemüsetorten auf der lauschigen Terrasse. Reservieren! *Mi geschl. | Via Molfino 126 | Tel. 0185 77 38 35 | www. nonnanina.it | €€*

HOSTARIA DEL PESCE

Das hübsche, kleine Lokal oberhalb des Hafens erfreut mit frischer Fischküche. *Do geschl. | Via Schiaffino 5 | Tel. 0185 77 50 68 | www.hostariadelpesce. com | €€*

IL PORTICO SPAGHETTERIA

An der zentralen Uferpromenade erwarten Sie in sympathischer Atmosphäre frische, schmackhafte Pastagerichte und Salate. *Mi geschl. | Via Garibaldi 197 a | Tel. 0185 77 02 54 | www.ilporticodicamo gli.it | €*

LO STRUFUGIO

Kleines, freundliches Lokal im Ortsinnern mit guter, nie banaler Hausmannskost (Fisch, Gemüse, Fleisch). Man spürt den liebevollen Ernst der Wirtsleute, auch die Einheimischen kommen gern. *Di geschl. | Via della Repubblica 64 | Tel. 0185 77 15 53 | www.larotondadicamogli.com | €–€€*

FREIZEIT & SPORT

Tauchausflüge in die Tiefen des Naturreservats am Monte Portofino organisiert das *BB Diving-Center (Via San Fortunato 7 | Tel. 0185 77 27 51 | www.bbdiving.it)* am Hafen. Bootsausflüge entlang der wunderschönen Küste nach Genua, Portofino, Portovenere und in die Cinque Terre starten im Sommer täglich vom Hafen aus: *Via Scalo 2 | Tel. 0185 77 20 91 | www.golfoparadiso.it*

ÜBERNACHTEN

LA CAMOGLIESE

Eine nette, ganzjährig geöffnete Frühstückspension in Strandnähe; ein paar Häuser weiter das dazugehörige Restaurant *(Mi geschl.). 21 Zi. | Via Garibaldi 55 | Tel. 0185 77 14 02 | www.lacamogliese.it | €–€€*

⭐ **Camogli**
Besonders eindrucksvoll: die typisch ligurische, bunte Fassadenphalanx → **S. 55**

⭐ **Basilica San Salvatore dei Fieschi**
Eine der schönsten mittelalterlichen Kirchen Liguriens in toller Lage → **S. 61**

⭐ **Baia del Silenzio**
Die feinsandige „Bucht der Stille" in Sestri, gerahmt von stattlichen Palazzi → **S. 63**

⭐ **Samtwerkstätten in Zoagli**
Zuschauen, wie heute noch Samt und Seide mit der Hand gemacht werden → **S. 64**

⭐ **Stelen aus der Lunigiana**
Geheimnisvolle Steinfiguren im Archäologischen Museum von La Spezia → **S. 66**

⭐ **Portofino**
Allein der Blick ist einen Abstecher wert → **S. 73**

⭐ **San Fruttuoso**
Eine schöne mittelalterliche Abtei in traumhafter Bucht → **S. 75**

MARCO POLO HIGHLIGHTS

CENOBIO DEI DOGI

Das „Dogenkloster" ist ein Hotel der Luxusklasse mit Terrasse und Park zum Meer hin. *107 Zi. | Via Cuneo 34 | Tel. 01 85 72 41 | www.cenobio.it | €€€*

B & B ROBERTO

Zwei gut ausgestattete Zimmer mit Kochecke, Parkplatz und Terrasse im Grünen, aber nahe am Zentrum *Via San Bartolomeo 27 | Tel. 01 85 77 40 94 | www.camogliroberto.it | €*

LOCANDA I TRE MERLI

Fünf geschmackvoll gestylte Zimmer am Fischerhafen; mit Wellnessbereich. *Via Scalo 5 | Tel. 01 85 77 67 52 | www.locandaitremerli.com | €€*

AUSKUNFT

Via XX Settembre 33 | Tel. 01 85 77 10 66 | www.prolococamogli.it

ZIELE IN DER UMGEBUNG

PIEVE LIGURE (134 C4) (*M3*)

Pieve Ligure, mit seinem alten Ortsteil Pieve Alta 6 km westlich hoch über dem felsigen Küstensaum gelegen, verdankt die frühe Mimosenblüte (ihr zu Ehren ein Fest Anfang Februar) seinem extrem milden Klima. Und wilde Orchideen blühen auf den Bergwiesen des nahen Monte di Santa Croce, zu dem ein Wanderweg hinaufführt. Von dessen Spitze (518 m) starten die Paraglider ihren Flug über die Küste.

PUNTA CHIAPPA (134 C5) (*M3*)

Auf diese wunderbar gelegene Landspitze der Halbinsel von Portofino gelangt man im Sommer mit häufig verkehrenden Fährbooten oder über einen malerischen, etwa zweistündigen Küstenspaziergang. Dabei trifft man auf das mittelalterliche Kirchlein *San Nicolò di Capodimonte* sowie auf ein paar Terrassenrestaurants, die sich neben dem frischen Fisch ihr Panorama bezahlen lassen. Zwei Hideaways: im Weiler *Mortola* drei ansprechende Zimmer mit tollem Blick und üppigem Frühstücksbrunch im La Rosa Bianca di Portofino *(Tel. 01 85 77 66 66 | www.larosabiancadiportofino.com | €€)* sowie Richtung Punta Chiappa das charmant restaurierte Hotel **INSIDER TIPP** *Stella Maris (12 Zi. | Via San Nicolò 68 | Tel. 01 85 77 02 85 | www.stellamaris.cc | €€–€€€)* mit gutem Restaurant und sagenhafter Aussichtsterrasse, ideal für Romantiker. Man

DAS GROSSE BRUTZELN IN CAMOGLI

Man kann es kaum glauben, muss es einfach mal gesehen haben: In der größten Pfanne der Welt – 4 m im Durchmesser und mit einem stattliche 6 m langen Pfannenstiel – werden 1000 kg in der Nacht zuvor gefangene Fische und Meeresfrüchte in 1000 l siedendem Öl frittiert. Daran essen sich am zweiten Maiwochenende mindestens 10 000 Menschen satt – im Namen von San Fortunato, dem Schutzpatron von Camogli, dessen Silberbüste in feierlicher Prozession durch die hübschen Gassen getragen wird. Und nicht nur in der Megapfanne, sondern an allen Straßenecken wird gebrutzelt – wie immer, wenn es in Italien etwas zu feiern gibt.

erreicht es zu Fuß oder (in Absprache mit dem Hotel) mit dem Boot.

RECCO (134 C5) (*M3*)
Der eigentlich nicht besonders attraktive Ort 3 km westlich von Camogli ist in ganz unter Naturschutz gestellten  *Monte Antola* (1597 m), wegen seiner INSIDER TIPP weichen, im Frühling duftig blühenden Wiesen, seiner verstreuten Dorf- und Kastellreste und seiner herrlichen Ausblicke ein beliebtes Wandergebiet.

Ein Traum ist die Tour von Camogli zur Punta Chiappa, ob in Wanderstiefeln oder per Boot

Ligurien berühmt für seine *focaccia al formaggio,* einen Hefeteigfladen mit Käse. Die *focaccia* von Recco ist ein Markenzeichen. Wenn Sie nicht zufällig am vierten Maiwochenende zum *Focaccia-Fest* in Recco sind, dann probieren Sie sie in einer der *Focaccia*-Bäckereien, z. B. *Tossini (Via Assereto 7).* Man findet aber auch gehobene Küche, etwa im gepflegten *Da ö Vittorio (Di geschl. | Via Roma 160 | Tel. 0185740 29 | €€)* mit angeschlossenem Hotel *(29 Zi. | www.daovittorio.it | €–€€).*

TORRIGLIA (134–135 C–D3) (*M1–2*)
In den knapp 50 km landeinwärts in den Bergen gelegenen Luftkurort (2200 Ew.) führt eine schöne Landschaftstour über den Passo della Scoffera und über sehenswerte Orte wie Uscio und Lumarzo. Von Torriglia starten Ausflüge auf den

CHIAVARI

(135 E5) (*N3*) Die Kleinstadt (28 000 Ew.), Zentrum des Tigullio genannten Küstenabschnitts, ist dank einer lebendigen Innenstadt, die noch ihre mittelalterliche Gründung spüren lässt, genau das richtige Ausflugsziel, wenn man mal Lust auf Stadt hat.

SEHENSWERTES

ALTSTADT
Chiavari lohnt zum Bummeln durch seine lebhafte Altstadt unter Arkaden voller Geschäfte und einladender Bars. Hauptachse ist der sogenannte *carrugiu dritu (Via Martiri della Liberazione).* Die *Piazza Mazzini* ist Mo bis Sa vormittags Bühne

Ein lohnender Ort zum (Einkaufs-)Bummel ist die lebendige Altstadt von Chiavari

eines lebhaften Markts, an der sich anschließenden *Piazza Nostra Signora dell'Orto* versammeln sich Rathaus, Kathedrale und Bischofspalast.

PALAZZO ROCCA

Im 17. Jh. Residenz der ligurischen Adelsfamilie Costaguta, wurde der Palazzo Anfang des 20. Jhs. von Giuseppe Rocca, einst nach Argentinien ausgewandert und reich zurückgekehrt, erworben, restauriert und der Stadt vermacht: ausgestattet mit kostbaren Möbeln, schönen Fußböden, Deckenfresken. In den ehemaligen Stallungen zeigt das *Museo Archeologico (Di–Sa sowie 2. und 4. So im Monat 9–13.30 Uhr)* außergewöhnlich interessante Funde aus der prähistorischen Zeit Chiavaris und der Umgebung. Und die edel möblierte Beletage des Palazzos beherbergt eine sehenswerte *Pinakothek (Sa/So 10–12 und 16–19 Uhr)* mit Gemälden aus dem 17. Jh. Hinter dem Palazzo tut sich ein ● **INSIDER TIPP** zauberhafter *Parco Botanico (tgl. 10–18*

Uhr) auf, der sich mit seinen Terrassen den Hang hinaufzieht – voller exotischer und mediterraner Pflanzen, Teichen mit Seerosen und mit einem Gewächshaus. *Via Costaguta 2–4*

ESSEN & TRINKEN

Da Chiavari nicht nur vom Tourismus lebt, kann man hier gut und zugleich bezahlbar essen.

DA FELICE

Ein gepflegtes, modernes Restaurant in Meernähe mit einfallsreicher, frischer Fischküche. *Mo geschl. | Via L. Risso 71 | Tel. 01 85 30 80 16 | www.ristorantefelice. it | €€*

LUCHIN DAL 1907

Einladende, lebhafte und bodenständige Traditionstrattoria unter den Arkaden der Altstadt, berühmt für den Kichererbsenfladen *farinata. So geschl. | Via Bighetti 53 | Tel. 01 85 30 10 63 | luchin.it | €*

ENOTECA PICCOLO RISTORANTE

Frittierte Zucchiniblüten, Artischockensuppe, Fisch in Kräutern, Kaninchenbraten und dazu eine phantastische Weinauswahl, denn das winzige Lokal ist zugleich auch Weinhandlung. *Di geschl. | Via Bontà 22 | Tel. 0185 30 64 98 | €–€€*

EINKAUFEN

Chiavari ist italienweit berühmt für seine Stühle aus Buchenholz mit Sitzflächen aus geflochtenem Stroh. *Levaggi (Via Parma 469 | www.levaggisedie.it)* stellt diese *chiavarine* heute noch her. Gebraucht findet man sie auf dem Antiquitätenmarkt *Mostra Mercato dell'Antiquariato* am zweiten Wochenende im Monat. Die beste Weinhandlung mit dem seltenen Dessertwein *passito di Lerici* ist die *Enoteca Bisson (Corso Gianelli 28 r | www.bissonvini.it)* der Bissons, die selbst Winzer sind. Ein hervorragendes Pesto und hausgemachte Pasta bekommen Sie im *Pastificio Prato (Piazza Cavour 3 | www.pastificioprato.it).*

ÜBERNACHTEN

MONTE ROSA

Sehr ordentliches, komfortables Altstadthotel mit gutem Restaurant. *64 Zi. | Via Monsignor Marinetti 6 | Tel. 0185 3148 53 | www.hotelmonterosa.it | €€*

AUSKUNFT

Corso Assarotti 1 | Tel. 0185 32 5198 | turismo.provincia.genova.it, www.turismo inliguria.it

ZIELE IN DER UMGEBUNG

GRAVEGLIATAL UND BASILICA DEI FIESCHI (135 E5) (*m N–O3*)

Die Familie Fieschi gewann seit dem Mittelalter großen Einfluss in Genua und Li-

gurien, überall stößt man bei Palazzi und Burgen auf ihren Namen. Ihre Rivalität mit der Doria-Familie trieb sie 1547 zu einer Verschwörung gegen den mächtigen Andrea Doria, in der sie unterlag und zerstört wurde, nachzulesen bei Schiller in der „Verschwörung des Fiesko zu Genua".

Von Chiavari geht es wenige Kilometer Richtung *Cogorno* im Gravegliatal, ein Dorf mit Weitblick auf Chiavari und Lavagna, auf die Entellamündung und die terrassierten Hänge mit Olivenhainen. Von Cogorno führt ein kurzer Abzweig zum alten, verwunschenen Kirchflecken ★ 🌿 *Basilica San Salvatore dei Fieschi,* einem der schönsten Beispiele für den typisch ligurischen, romanisch-gotischen Baustil mit seinem helldunklen Streifenmuster aus Kalk- und Schiefergestein. Das gilt auch für den nahen gotischen *Palazzo dei Fieschi.* Die Basilika wurde im Auftrag von Papst Innozenz IV., auch er ein Fieschi, errichtet und 1252 von ihm geweiht. Im stimmungsvollen Innern beeindrucken die Säulen, vor allem ihre fein ziselierten Kapitele.

Hier oben finden sich in benachbarten Weilern zudem eine sympathische B-&-B-Adresse *(Casa Kiwi | 3 Zi. | Via Maggiolo 52 | Tel. 0185 38 20 92 | www.casakiwi.it | €–€€)* in *Cogorno* sowie zwei von Slow Food wegen ihrer herausragenden Interpretation ligurischer Speisetradition ganz besonders empfohlene Trattorien: ● *La Brinca (Mo und außer Sa/So mittags geschl. | Via Campo di Ne 58 | Tel. 0185 33 74 80 | €€)* mit phantastischem 🌿 Panorama-Speisesaal in *Ne* und in *Conscenti* die *Antica Trattoria dei Mosto (Mi, Juli/Aug. auch mittags geschl. | Piazza dei Mosto 15 | Tel. 0185 33 75 02 | €€).* Eine Manganmine, die man im Rahmen einer Führung besichtigen kann (s. Kapitel „Mit Kindern unterwegs"), findet sich noch etwas weiter talaufwärts in der oberen Val Graveglia: *Miniera di Gambatesa | Mi–So 11, 14 und 15.30 Uhr | www. minieragambatesa.it*

LAVAGNA (135 E5) (*ⁿ N3*)

Der Ortsname *(lavagna =* Schiefertafel*)* verweist auf die traditionelle Lebensgrundlage, die das bergige Hinterland hier seit Jahrhunderten liefert: den Abbau von schwarzem Schiefergestein, der in Ligurien vielfach bei der Fassadenverzierung, als Türfassung, als Treppengestein und als Dachbedeckung zu finden ist. Lavagna schließt sich jenseits der Entellamündung an Chiavari an und bietet vor allem einen großen Sporthafen

und am 14. August ein legendäres Volksfest, die kollektive Verspeisung einer gigantischen Torte, der *Torta dei Fieschi.* Ein Tipp ist der Besuch der **INSIDER TIPP** *Casa Carbone (März–Juni und Sept.–Anfang Nov. Sa/So 10–18, Juli/Aug. 10–13 und 16–21 Uhr | Via Riboli 4),* einer sehenswerten Altstadtresidenz im typisch ligurischen Stil mit bemalter Fassade, bis 1992 bewohnt und ein intaktes bürgerliches Wohnbeispiel aus dem 19. Jh. Mit dem nächsten Küstenort *Cavi* verbindet Lavagna ein schier endloser, aber nicht sonderlich attraktiver Kiesstrand, der längste an der Levante.

MADONNA DELLE GRAZIE ☀ (135 E5) (*ⁿ N3*)

3 km von Chiavari entfernt, gleich hinter dem ersten Straßentunnel Richtung Genua, liegt die Wallfahrtskirche auf einem Hügel, der den Aufstieg schon wegen des schönen Blicks lohnt. Sehenswert im Innern der Kirche sind gut erhaltene Fresken von Teramo Piaggio (16. Jh.) zur Vita des Christus.

MONEGLIA (135 F6) (*ⁿ O4*)

Der kleine Ort 20 km südöstlich schmiegt sich schön in seine einladende Strandbucht vor die sich vorwölbende bergige Küstenlandschaft. Sein beschauliches, verwinkeltes Zentrum, zum Meer hin von einer stattlichen Palmenallee flankiert, lädt zum Bummeln und Geschäftegucken ein. Hier wurde der berühmte ligurische Maler des 16. Jhs., Luca Cambiaso, geboren, in den beiden Kirchen San Giorgio und Santa Croce hängen Werke von ihm. Eine sympathische Speiseadresse im Ortskern ist *Da U Limottu (Di und außer Sa/So mittags, im Winter Fr-Mittag und Mo–Do geschl. | Piazza Marengo 13 | Tel. 0 18 54 98 77 | €–€€).* Zum Übernachten laden die drei Zimmer der **INSIDER TIPP** *A Casa di Roby (Strada San Lorenzo 7 a |*

Tel. 0 18 54 96 42 | www.acasadiroby.it |
€€–€€€), hochromantisch und herrlich
gelegen im Dorf *San Lorenzo* oberhalb
von Moneglia. Auskunft: *www.moneglia
online.it*

wieder mit den typisch ligurischen farbigen Fassaden. Der Blick nach vorn fällt
auf die ansteigende Landzunge Punta
Manara (Naturschutzgebiet Monte Castello), über die ein schöner Küstenwan-

Zwei wunderschöne Buchten – hier der Strand der Baia delle Favole – sind die Trümpfe von Sestri

SESTRI LEVANTE (135 E6) (*N O3–4*)

Das lebhafte – und nicht billige – Ferienstädtchen (20 000 Ew.) 10 km südöstlich
bildet mit seinem vorgelagerten Inselchen den östlichen Abschluss des Golfo
del Tigullio. Seit dem Mittelalter ist das
felsig zerfranste, mit üppiger Vegetation
bewachsene Eiland mit dem Festland
durch sandige Ablagerungen verbunden.
Sie bilden zum Golfo del Tigullio hin die
„Märchen"-Bucht *Baia delle Favole* mit
dem Strand, der sich zum Westen hin am
Städtchen entlangzieht, mit zahlreichen
Strandbädern, Sportangeboten und dem
lungomare, der Uferpromenade mit Eiscafés.
Zur anderen, östlichen Seite hin öffnet
sich die besonders schöne Bucht ★ *Baia
del Silenzio,* die sich, wie der Name sug-
geriert, stiller, abgeschiedener präsentiert. Ihre Kulisse bilden bis an den
Strand herangebaute stattliche Häuser,

derweg durch Macchiawälder bis nach
Moneglia führt.
Der alte Ortskern von Sestri zieht sich
vom Inselchen landeinwärts, man fla-
niert über den lebhaften *budello,* die
Altstadtgasse Via XXV Aprile mit Renais-
sancehäusern mit in Schieferstein gefass-
ten Portalen, Geschäften und Cafés. Das
*Museo Galleria Rizzi (Mai–Sept. Mi 16–19,
Juli–Mitte Sept. auch Fr 21.30–23.30 Uhr |
Via Cappuccini 8)* zeigt eine erstaunlich
wertvolle Bildersammlung mit Rubens,
Van Dyck, Raffael. Geht man das Inselchen hinauf, lohnt die mittelalterliche
Kirche *San Nicolò;* weiter auf die bewal-
dete Inselkuppe haben nur Gäste des
Grand Hotel dei Castelli Zutritt.
Am kleinen Hafen an der Baia delle Favole speist man sehr gut im El Pescador (Di,
im Sommer auch mittags geschl. | Via
Queirolo | Tel. 0 18 54 28 88 | €€€) oder
am Lungomare fangfrischen Fisch und

saftige Steaks von toskanischen Chianina-Rindern im winzigen, sehr angesagten *Balin Cuisine (Mo und mittags geschl. | Viale Rimembranza 33 | Tel. 018 54 43 97 | €€–€€€).* Preiswerter essen Sie im Zentrum, z. B. gute Traditionsküche im Hotelrestaurant *La Neigra (Mo geschl. | Viale Roma 49 | Tel. 018 54 17 56 | €–€€)* oder in der beliebten, unkomplizierten *Osteria Mattana (Mo und mittags geschl. | Via XXV Aprile 34 | Tel. 0185 45 76 33 | www.osteriamattana.com | €),* in der gelegentlich auch Livejazz erklingt. Und da Sestri schön und trendy ist, trifft man sich zur Aperitifstunde in der *Portobello Beach Bar* an der Baia del Silenzio. Besonders schön wohnt es sich ebenda im freundlich-eleganten Hotel *Helvetia (21 Zi. | Via Cappuccini 43 | Tel. 018 54 11 75 | www.hotelhelvetia.it | €€€).* Eine preisgünstigere B-&-B-Empfehlung, ansprechend, großzügig und mit Pool im Garten, ist *Terra di Liguria (3 Zi. | Via Senatore Federico Ricci 9 | Tel. 0185 46 77 61 | www.bbterradiliguria.it, €),* 6 km die Hügel hinauf im Dorf *Casarza Ligure* gelegen. Auskunft: *Piazza Sant'Antonio 10 | Tel. 0185 45 70 11 | www.sestri-levante.net*

VAL FONTANABUONA
(135 D–E 4–5) (*∅ N2–3*)

Das Fontanabuonatal bildet eines der Flusstäler oberhalb von Chiavari. Berühmt ist es wegen seines Schieferabbaus, aus dem die weltweit begehrtesten Platten für Billardtische entstehen. Im knapp 20 km entfernten Hauptort *Cicagna* findet man Geschäfte, die Mitbringsel wie Schalen, Aschenbecher usw. aus diesem schönen, anthrazitgrauen Gestein anbieten. Ein Showroom mit Verkauf ist *Le Pietre (Via Chiapparino 9 | www.ardesiafontanabuona.com)* in *Monleone di Cicagna.*

ZOAGLI (135 D5) (*∅ N3*)

Der Ort auf halbem Weg zwischen Chiavari und Rapallo mit seinem Strand unter den hohen Pfeilern der Bahnlinie ist bekannt für seinen Samt und seinen Seidendamast. Auch wenn hier einst sehr viel mehr Samtfabriken waren, gibt es immer noch ein paar ⭐ *Samtwerkstätten,* die diese Tradition aufrechterhalten und auf Webstühlen prachtvolle Stoffe herstellen. Dabei darf man zuschauen: *Tessitura Artigianale Giuseppe Gaggioli* in

Samt und Seide statt Chemie und Kunstfasern: Samtwerkstatt in Zoagli

der *Via dei Velluti 1 (Abzweigung auf der Höhe der Via Aurelia 208 | Tel. 0185 25 90 57 | www.tessituragaggioli.it).* Auch ein Laden gehört dazu. Samt- und Seidenstoffe finden Sie auch im Laden *Velluti e Seterie Cordani (So und Di geschl. | Via San Pietro 21, Via Aurelia Richtung Chiavari | www.seteriecordani.com).*

LA SPEZIA

(137 D5) (*Q5*) **La Spezia liegt von Anhöhen umgeben im Schutz des tief ins Land geschnittenen, wunderschönen Golfs.**

Diese ideale Voraussetzung für einen sicheren Hafen veranlasste zunächst Napoleon ab 1808 und anschließend den italienischen Staat, La Spezia zu einem bedeutenden Militärhafen auszubauen. Das wurde der Stadt in den beiden Weltkriegen zum Verhängnis: Als Marinestützpunkt wurde sie schwer angegriffen. Der moderne Wiederaufbau und ihre industrielle Entwicklung haben sie wahrlich nicht verschönert, dennoch: Wer Lust auf Kultur und Stadtflair hat – immerhin zählt die Provinzhauptstadt fast 100 000 Ew. –, der ist hier genau richtig: Neben dem Besuch der sehenswerten Archäologie- und Kunstmuseen lohnt ein Bummel durchs lebhafte Innenstadtviertel *Prione,* wo es zur Aperitifstunde brummt.

Im Golf wechseln sich Industrieanlagen, Werften und Marinedepots ab mit edlen Yachthäfen wie Porto Lotti oder Porto Mirabello und kleinen Buchten, in die sich einstige Fischersiedlungen schmiegen, wie Cadamare oder Le Grazie. Weiter zum Meer hin liegen die schönen Orte Portovenere mit der vorgelagerten Insel Palmaria im Westen und Lerici im Südosten. Den absoluten Traumblick auf den Golf hat man auf der Anfahrt zu den Cinque Terre. Überhaupt eignet sich die Stadt dank guter Bahnverbindungen als Basis für Ausflüge.

CITY WOHIN ZUERST?

Vom Bahnhof bzw. von der dortigen Parkgarage „Park Stazione" geht es zu Fuß in den Stadtkern. Im Westen parkt man an der Piazza d'Armi/Viale Amendola; von hier fährt ein Bus alle zehn Minuten zur **Piazza Chiodi,** wo sich die parkartige Uferpromenade mit dem Zugang in die Altstadt trifft. Hier befinden sich auch die Touristeninformation und der Anleger für die Fähren nach Lerici und Portovenere. Wer von Osten kommt, könnte auf dem Parkplatz Palaspezia parken; an der Via della Pianta startet dort alle zehn Minuten der Bus in den Stadtkern.

SEHENSWERTES

CAMEC

Der Name Centro d'Arte Moderna e Contemporanea ist Programm: Nun hat auch La Spezia einen Ort für zeitgenössische Kunst. *Di–Sa 10–13 und 15–19, So 11–19 Uhr | Piazza Cesare Battisti | camec.spezianet.it*

CASTELLO SAN GIORGIO/MUSEO ARCHEOLOGICO U. FORMENTINI

Von der hoch gelegenen Festungsanlage, die im Mittelalter als Bollwerk Genuas gegen die Seerepublik Pisa entstanden war, haben Sie einen phantastischen Rundblick auf den Golf. Die Burg ist Sitz des Archäologischen Museums, das prähistorische Funde aus der Umgebung und Kostbarkeiten aus der alten römischen Hafenstadt Luni zeigt. Höhepunkt sind die berühmten geheimnisvollen Steinfiguren, Männer- und Frauengestalten, die ⭐ Stelen aus der Lunigiana, dem Grenzgebiet zur Toskana. Man fand sie auf Feldern und im Wald und vermutet in ihnen einen Kult aus vorrömischer Zeit. Das Kastell ist über eine Treppe von der Via XX Settembre zu erreichen sowie über einen kostenlosen Aufzug gegenüber dem My One Hotel. *Mi–Mo 9.30–12.30 und 15–18 (Juni–Sept. 17–20) Uhr | Via 27 Marzo*

MUSEO AMEDEO LIA

Im Zentrum zeigt die kostbare Kunstsammlung des Industriellen und Mäzens Amedeo Lia Werke von Pietro Lorenzetti, Bernardo Daddi, Jacopo da Pontormo, Tizian, Tiepolo und anderen. *Di–So 10–18 Uhr | Via Prione 234 | mal.spezianet.it*

MUSEO DEL SIGILLO

Hunderte Siegel aus aller Welt und allen Zeiten – eindrucksvoll. *Di 16–19, Mi–So 10–12 und 16–19 Uhr | Via del Prione 236*

MUSEO TECNICO NAVALE

Richtung Portovenere am Golf erstreckt sich auf 165 ha das Marinegelände, das im 19. Jh. zum größten, heute stark reduzierten Marinearsenal ganz Italiens ausgebaut wurde. Das Museum auf dem Areal zeigt die Geschichte der militärischen Schifffahrt. *Tgl. 8–19.30 Uhr | Viale Amendola 1 | www.museotecniconavale.it*

SANTA MARIA ASSUNTA

Die im 13. Jh. entstandene Kirche wurde im 15. Jh. umgebaut und erhielt 1954 eine neue Fassade aus Streifenquadern. Für Kunstfreunde: im linken Seitenschiff eine farbig glasierte Terrakottagruppe von Andrea della Robbia (16. Jh.), die die Krönung Marias darstellt.

ESSEN & TRINKEN

Es gibt eine Reihe sympathischer Trattorien in und um La Spezia. Fragen Sie nach lokalen Spezialitäten wie *muscoli ripieni,* gefüllten Miesmuscheln, nach *frittelle di baccalà,* frittierten Stockfischküchlein, nach der Erbsen-Bohnen-Suppe *mescciua.*

OSTERIA DA BARTALI

In der Altstadt, hübsch auf altmodisch gestylt; nette Atmosphäre und schmackhafte Fischküche. *Di geschl. | Via del Torretto 64/66 | Tel. 0187 73 08 89 | www.osteriadabartali.com | €–€€*

TRATTORIA ALL'INFERNO

Handfeste Trattoria in den Kellern eines Altstadthauses; probieren Sie hier einmal die gefüllten Sardellen! *So geschl. | Via Lorenzo Costa 3 | Tel. 0 18 72 94 58 | €–€€*

In einem alten, restaurierten Konvent: das Kunstmuseum Amedeo Lia

INSIDER TIPP ▶ DAI PESCATORI

Wir fangen den Fisch und bereiten ihn euch zu – das Motto der hiesigen Fischer hat großen Erfolg. Am Lungomare beim Pier der Fähr- und Ausflugsschiffe. *Tgl. | Banchina Revel/Viale Italia | Tel. 34 02 50 89 24 | €*

LA PIA

Alteingesessenes, immer volles Imbisslokal mit Pizzen und deren ligurischen Varianten *farinata* und wurst- oder käsegefüllten *focacce* – auch auf die Hand. *So geschl. | Via Magenta 12 | Tel. 01 87 73 99 99 | €*

EINKAUFEN

Nach La Spezia kommt man auch zum Shoppen, in der verkehrsberuhigten Altstadt und an den von Orangenbäumen gesäumten Boulevards um Piazza Verdi und Piazza Europa reihen sich die Geschäfte aneinander, darunter auch hochwertige und internationale Marken. Markttreiben herrscht vormittags an der Piazza Cavour bzw. Piazza del Mercato. Ein großes, modernes Einkaufscenter ist das *Centro Commerciale La Fabbrica* am Autobahnkreuz A 12/A 15 etwas außerhalb in Santo Stefano di Magra.

FREIZEIT & SPORT

TAUCHEN

Im Dörfchen *Cadamare* im Golf zwischen La Spezia und Portovenere finden Interessierte das *Diving Center Oasi Blu (Via della Marina | www.diving5terre.com)*.

AM ABEND

Abendlicher Treffpunkt ist die kleine, verkehrsberuhigte Altstadt Prione mit ihren Aperitifbars, z. B. an der Piazza del Bastione.

ÜBERNACHTEN

CASE DANE

Angenehme, frische Unterkunft in der Altstadt nah beim Bahnhof und daher ideal für Ausflüge in die Cinque Terre. Frühstück in der nahen Bar. *9 Zi. | Via Paleocapa 4 | Tel. 33 85 35 31 03 | www.casedane.it | €*

FIRENZE & CONTINENTALE

Gut geführtes, komfortables Hotel in der Innenstadt unweit des Bahnhofs. *68 Zi. | Via Paleocapa 7 | Tel. 01 87 71 32 10 | www.hotelfirenzecontinentale.it | €€*

AGRITURISMO IL GOLFO DEI POETI

Sechs geschmackvolle, in der Hochsaison recht hochpreisige Wohnungen in alten Steinhäusern mit Pool im Nordwesten im Grünen über dem Golf. Die Wirtsfamilie produziert Wein, Olivenöl und Honig. *Fattorie Bedogni-von Berger | Via Proffiano 34 | Tel. 01 87 71 10 53 | www.agriturismogolfodeipoeti.com | €–€€*

LE VILLE RELAIS ☙

Geschmackvolles Häuserensemble hoch in den Hügeln auf der Westseite des Golfs oberhalb von Cadimare Richtung Campiglia. Mit kleinem Pool, Restaurant und grandiosem Panorama von den Terrassen. *11 Zi. | Salita al Piano 19 | Tel. 33 87 83 56 85 | www.levillerelais.it | €€*

AUSKUNFT

Viale Italia 5 und am Bahnhofsvorplatz | Tel. 01 87 77 09 00 | www.turismoprovincia.laspezia.it

ZIELE IN DER UMGEBUNG

LERICI UND NATURPARK MONTEMAR-CELLO-MAGRA (137 E5–6) (*ळ R5*)

Das lebendige Ferienstädtchen (12 000 Ew.) – teuer, hübsch, gepflegt und sehr beliebt – liegt etwa 10 km von La Spezia entfernt in einer Bucht an der Ostflanke des Golfs an einem Küstenabschnitt, der wegen seiner landschaftlichen Schönheit im 19. Jh. zu einem Mekka der Dichter und Künstler wurde: In San Terenzo, auch in der Bucht, lebte 1822 der englische Dichter Lord Byron mit seinem Kollegen Percy Shelley, der dort im Meer ertrank. Der Dichterkollege John Keats kam auch dazu, später dann Schriftsteller wie D. H. Lawrence, in jüngeren Tagen Eugenio Montale und Pier Paolo Pasolini, und sie alle dichteten vom Zauber dieser Küste inspirierte Verse.

Zu den Sehenswürdigkeiten von Lerici zählt das hochinteressante *Museo Geopaleontologico* im Kastell von Lerici (s. Kapitel „Mit Kindern unterwegs"). Es zeigt Spuren aus der Urzeit am Golf, mit Dinosauriernachbildungen und Erdbebensimulationen. Sehenswert ist auch die gotische Burgkapelle *Sant'Anastasio.* Auf den ☼ Klippen unterm Burgfelsen sitzt es sich herrlich zum Sonnenuntergang.

Ein Hotel mit Traumblick auf den Golf ist das ☼ *Doria Park Hotel (51 Zi. | Via Doria 2 | Tel. 01 87 96 71 24 | www.doriaparkhotel.com | €€–€€€),* reizend eingerichtet, mit gerühmtem Frühstück und einem guten Restaurant *(So und mittags geschl. | €€–€€€),* ein Tipp auch für Nichthotelgäste. Aus den zwölf Zimmern der schicken Designherberge *Locanda del Lido (Via Biaggini 24 | Tel. 01 87 96 81 59 | www.locandadellido.it | €€€)* in einer ehemaligen Badeanstalt am Stadtstrand schaut man direkt aufs Wasser.

Einfach, schmackhaft und weitgehend vegetarisch – Pasta, Suppen, Gemüsetorten – isst man im *La Piccola Oasi (Di und außer Sa/So mittags geschl. | Via Cavour 58 | Tel. 01 87 96 45 88 | €)* im Zentrum, im Sommer mit kleinem Innenhof, das im nahen Dorf *Arcola* auch drei B-&-B-Zimmer vermietet *(www.lapiccolaoasi.*

com | €). Ein besonderer Einkaufstipp ist der **INSIDER TIPP** *Samstagsmarkt* mit erstklassiger, edler Markenbekleidung zu Schnäppchenpreisen.

Mit San Terenzo verbindet Lerici eine schöne Uferpromenade vorbei an den Stränden. Hier steht auch die weiße *Villa Magni,* in der Shelley seine Sommer verbrachte. Im Park finden an Sommerabenden Konzerte und Filmvorführungen statt. Am Meer von San Terenzo sitzt man hübsch im kleinen, modernen *Stralunà (Mo geschl. | Via P. Mantegazza 6 | Tel. 01 87 97 27 33 | €–€€)* zu frischem Fisch. Kultivierte Idyllen, die die Ostküste des Golfs der Dichter malerisch beenden, bevor er zur rauen, unbewohnbaren Steilküste wird, sind die herrlich zwischen schwarzen Klippen und kleinen Strandbuchten gelegenen Orte **INSIDER TIPP** *Tellaro* und *Fiascherino.* Zwei Hotelempfehlungen: in toller Lage über der Felsküste das angenehm moderne *Il Nido (34 Zi. | Via Fiascherino 75 | Tel. 01 87 96 72 86 | www.hotelnido.com | €€)* – auf Unterbringung im Hauptgebäude zum Meer achten! – oder in Tellaro die gemütlich-elegante *Locanda Miranda (6 Zi. | Via Fiascherino 92 | Tel. 01 87 96 81 30 | www.miranda1959.com | €€)* mit renommierter Küche *(€€–€€€).*

Im Rücken von Tellaro geht es hinauf in die macchiaüberwucherten Kalkberge des *Naturparks Montemarcello-Magra (www.parcomagra.it),* der sich zwischen dem Golf von La Spezia und der Flussmündung des Magra ins Meer vorschiebt. In dieser wild bewegten Berglandschaft voller Wälder finden sich zahlreiche markierte Wanderwege, die eine erfrischende Alternative zu den im Hochsommer heißen, überfüllten Stränden darstellen. Auch MTB-Touren können Sie hier unternehmen. Unterkunft findet man im malerischen Hauptort *Montemarcello,* z. B. in den drei schlichten B-&-B-Zimmern *(€)*

der sympathischen *Trattoria dai Pironcelli* (Mi geschl. | Via delle Mura 45 | Tel. 0187601252 | www.pironcelli.it | €–€€). Jenseits des Naturparks liegt am Fluss Magra *Ameglia,* bei den Vips Liguriens sich die Küstenlinie vorgeschoben. Wer sich für die Vergangenheit interessiert, dem sei ein Besuch der Ausgrabungsstätte von Luni und des sehenswerten *Museo Archeologico Nazionale (Di–So 8.30–*

Markant thront die Burg auf einem Felssporn über dem Hafen von Lerici

bekannt wegen seines Spitzenrestaurants *Locanda delle Tamerici (Di und mittags geschl. | Ortsteil Fiumaretta | Via Litoranea 116 | Tel. 0187642 62 | www. locandadelletamerici.com | €€€)* mit acht elegant-behaglichen Zimmern und kleinem Privatstrand.

LUNI (137 E6) (*Ø S5*)

Eine in der versandeten Mündung des Magra versunkene Stadt. Kaum zu glauben, denn sie war groß, wohlhabend, von einer festen Stadtmauer eingefasst und für die Römer, die sie 177 v. Chr. hier direkt am Meer erbaut hatten, ein bedeutender Hafen ihres Imperiums. Im 11./12. Jh. mussten ihre Bewohner sie wegen Malaria und Versumpfung endgültig aufgeben. Heute liegen die Ruinenreste 4 km landeinwärts, so weit hat

19.30 Uhr, Amphitheater bis 2 Std. vor Sonnenuntergang) empfohlen. Zeugen einer noch weiter zurückliegenden Vergangenheit dieser Gegend sind die berühmten Lunigianastelen, 5000 Jahre alte, in Stein gehauene Männer- und Frauenfiguren, die einen mit Schwert, die anderen mit Brüsten dargestellt, mal ausgearbeitet, mal eher plump. Es handelt sich wohl um Symbole eines archaischen Kults, doch bis heute ist ihre Bedeutung nicht wirklich geklärt. Ein Teil steht im Museum von La Spezia, weitere Stelen, die höher im Apennin gefunden worden sind, können im 45 km landeinwärts gelegenen *Pontremoli* im *Museo Archeologico della Lunigiana (Di–So 9– 12.30 und 14.30–17.30 Uhr, im Sommer 15–18 Uhr | www.statuestele.org)* bestaunt werden.

PORTOVENERE (137 D6) (*∅ Q5*)

Knapp 15 km südlich an der äußersten Spitze des Golfs von La Spezia liegt dieser zauberhafte Küstenort, mit seinen farbigen Fassaden, Gässchen, Treppendurchgängen und Kastell vor bewegter Felslandschaft ein Platz für Romantiker und unendlich viele Ausflügler. Vom ☀ Vorplatz der gotischen Kirche *San Pietro* im typisch ligurischen Streifenstil hat man einen phantastischen Blick auf die Cinque Terre. Reizvoll eingebettet in den Altstadtkern ist das Hotel mit familiärer Atmosphäre *Locanda Genio (7 Zi. | Piazza Bastreri 8 | Tel. 01 87 79 06 11 | www.hotel genioportovenere.com | €€)*. Unter den Restaurants gefällt besonders *Il Timone (Di geschl. | Via Olivo 29 | Tel. 01 87 18 66 2 92 | www.pizzeriailtimone.it | €–€€)*, ein charmantes Lokal mit guten *focacce*, Pizzen, frischem Fisch, Muschelsuppe, Gemüse; ab 18 Uhr gehts los mit dem Aperitif.

Mit ein paar Schritten hat man den Hafen erreicht. Von dort aus kann man zu den vorgelagerten Inseln, *Palmaria* und die kleinen Naturparadiese *Tino* und *Tinetto,* übersetzen *(Infos im IAT | Piazza Bastreri 7 | Tel. 01 87 79 06 91 | www.porto venere.it)*. Den Inbegriff der Romantik bildet ein kleines Gasthaus auf Palmaria mit sorgfältiger Küche *(Mi geschl.)*, eigenem Bootsservice und sieben heiteren Zimmern, die **INSIDER TIPP** *Locanda Lorena (Tel. 01 87 79 23 70 | www.locandalore na.com | €€)*. Auf der Insel kann man schön spazieren gehen, und das Wasser ist glasklar.

Eine tolle Wanderung, Teil des Höhenwegs Alta Via del Golfo, startet von Portovenere hinauf zu den Felswänden überm Meer, *Muzzerone* genannt, ein beliebtes Klettergebiet *(www.planet mountain.com/Rock/italia/Muzzerone/ index.html)*, und weiter Richtung Cinque Terre, vorbei am herrlich gelegenen Weiler ☀ *Campiglia.* Hier gibt es an der Kirche das idyllische 🕐 **INSIDER TIPP** *Piccolo Blu (Mo und abends geschl. | Tel.*

Vom Vorplatz der Kirche San Pietro in Portovenere geht der Blick bis in die Cinque Terre

01 87 75 85 17 | www.piccoloblu.it | €) mit schmackhaften *focacce* und Gemüsetorten aus Bioprodukten.

Lohnend ist auch der Besuch der eindrucksvollen Ausgrabungen einer römischen Villa in einem Olivenhain in *Le Grazie,* dem beschaulichen Vorort von Portovenere: *Villa Romana Varignano Vecchio | Mitte Juni–Mitte Sept. tgl. 13.30 –19.30, sonst 9–15 Uhr*

SARZANA (137 E5) (⌂ R5)

Als die Bewohner der uralten Hafenstadt Luni im 11. Jh. wegen Malaria und Versandung ihre Stadt aufgeben mussten, landete ein Teil von ihnen in Sarzana (20 000 Ew., 10 km östlich von La Spezia) und machte aus dem Ort einen bedeutenden Bischofssitz. Im hübschen Altstadtkern zeugt die besonders schöne *Kathedrale dell'Assunta* von 1204 davon. Viele Geschäfte und Boutiquen sowie gute Restaurants schon mit toskanischem Einfluss, etwa *Fahrenheit (Mo geschl. | Via Buonaparte 21 | Tel. 01 87 187 99 27 | €–€€)* im Zentrum, lohnen den Besuch, vor allem an jedem vierten Wochenende im Monat und im August täglich zum gut bestückten Trödel- und Antiquitätenmarkt *La Soffitta nella Strada.*

SANTA MARGHERITA LIGURE

(135 D5) (⌂ N3) Im wohl edelsten Yachthafen an der Riviera liegen prachtvolle, hochseetaugliche Motor- und Segelyachten unter exotischen Flaggen vor Anker.

Dass Santa Margherita – einstmals ein Fischerort – zu den seit eh und je beliebtesten ligurischen Ferienorten zählt, zeigen auch die vielen schönen alten Hotels aus der Wende zum 20. Jh. und heute die vielen feinen Modeboutiquen. Alles ist ein bisschen teurer als anderswo, z. B. so manches Strandbad, besonders wenn es so schön liegt wie in der zauberhaften Bucht von *Paraggi* an der atemraubenden ⚜ Küstenstraße nach Portofino. Ein Stimmungshighlight ist der Sonnenuntergang von der Klippenpromenade. Busse fahren die schmale Strecke mehrmals täglich ab, aufs Auto sollten Sie verzichten. Santa Margherita (10 000 Ew.) verströmt urban-mondänes Flair, man bummelt, trifft sich, in den Lounges der alten Luxusherbergen wird Bridge gespielt, in den American Bars am Lungomare schlürft man seine Cocktails. Aber keine Sorge, Santa Margherita ist trotz allem auch für den „normalen" Urlauber das richtige Ziel, neben den luxuriösen Villenhotels gibt es viele nette Ferienhotels und Pensionen mit von weißem Schnörkelgitter gesäumten Sonnenterrassen. Und nicht nur die feinen Sportsegler legen hier an, sondern immer noch laufen auch Fischerboote ein und beliefern den Fischmarkt, der montags bis freitags um 17 Uhr am Hafen seine Stände öffnet. Und in keinem anderen Ort der Umgebung ist am Abend für junge Leute so viel los wie hier.

SEHENSWERTES

LA CERVARA ⚜

Zur stattlichen ehemaligen Benediktinerabtei *Abbazia San Girolamo al Monte di Portofino* (14./17. Jh.) in der Vegetation oberhalb der Paraggi-Bucht – heute Wedding- und Kongresslocation – gehört dieser wunderschöne Park, den man am ersten und dritten Sonntag im Monat besuchen kann. *Führungen 10, 11, 12, Uhr | anmelden unter Tel. 8 00 65 21 10 | www.cervara.it*

INSIDER TIPP ▶ **PARCO FLAUTO MAGICO**

Der berühmte Genueser Bühnenbildner und Illustrator Emanuele Luzzati hat die Parkanlage *Parco Carmagnola,* inspiriert durch Mozarts Oper „Die Zauberflöte", in einen Traumgarten für Kinder (und Erwachsene) umgestaltet: Zwischen Palmen, Eukalyptus und unter Schirmpinien beleben ihn phantasievolle poetische Konstruktionen, die zugleich als Kletter- und Spielgeräte dienen. Auch ein Minigolfplatz gehört dazu. *Corso Rainusso*

VILLA DURAZZO

In dieser hoch gelegenen, üppigen Parkanlage, halb italienischer Garten, halb englischer Park, lässt es sich herrlich Luft schnappen. Zwei Villen und ein Kastell gehören dazu. *Via San Francesco d'Assisi 3 | Park tgl. 9–17 Uhr | www.villadurazzo.it*

ESSEN & TRINKEN

L'ALTRO EDEN

Am Hafen speisen bis zu später Stunde für *young urban people. Di und mittags geschl. | Calata del Porto 11 | Tel. 0185 29 30 56 | €€–€€€*

ARDICIOCCA

Ein kleines Juwel für anspruchsvolle Feinschmecker. *Do und mittags geschl. | Via Maragliano 17 | Tel. 0185 28 13 12 | www.ardiciocca.it | €€€*

BAICIN

Sympathische Trattoria in der Fußgängergasse, neben Fisch auch handfeste Fleischgerichte. *Mo geschl. | Via Algeria 5 | Tel. 0185 28 67 63 | €–€€*

OSTERIA N° 7

Bei jungen Leuten angesagte Osteria mit schmackhaften kleinen Gerichten. *Mi geschl. | Via Jacopo Ruffini 36 | Tel. 0185 28 17 03 | €*

FREIZEIT & SPORT

Edle und „normale" Strandbäder lösen einander am feinen Kiesstrand ab, nahe am Hafen liegen die freien Abschnitte. Es gibt Tauch-, Surf- und Segelschulen, mit einem Kajak lässt sich die Küste erkunden. Im Sommer bietet das Touristenbüro sehr lohnende geführte Wanderungen durchs Hinterland.

AM ABEND

LE CARILLON

Tagsüber Strandbad am feinen Strand Paraggi, abends Restaurant und Nachtlokal mit Disko; ein schicker, exklusiver Dauerbrenner.

COVO DI NORD EST ☼

Phantastisch gelegen, exponiert auf den Klippen zwischen Santa Margherita und Portofino, Diskothek, Livekonzerte, Restaurants und ein Strandclub (auch tagsüber) mit Bars. Allabendlich pflastern die Autos die Küstenstraße zu, viele kommen zu Fuß. *www.covodinordest.it*

PIAZZA MARTIRI DELLA LIBERTÀ

Die *movida* in „Santa", wie man kurz sagt, gilt als die beste an der Levante; einer ihrer Hotspots ist diese zur Küstenstraße offene Piazza, zum Aperitif, zum Essen, später zum Cocktail in Kultbars wie *Sabot, Miami Café, Soleado Café.*

ÜBERNACHTEN

EIGHT

Aus einer Villa an der Strandbucht von Paraggi ist dieses schicke, moderne Hotel geworden, mit privater Strandterrasse und Restaurant – ein exklusives Plätzchen. *13 Zi. | Via del Fondaco 11 | Tel. 0 18 52 69 91 | portofino.eighthotels.it | €€€*

AZIENDA AGRITURISTICA GNOCCHI

Wie wäre es mit Ferien auf dem Bauernhof am mondänsten Flecken der Riviera? Herrlich in üppiger Vegetation oberhalb von Santa Margherita gelegen, doch nur 30 Minuten Fußweg zum Strand. Zwölf

Piazza Vittorio Veneto | Tel. 0185 28 74 85 | www.santa-margherita-ligure.com, www.terrediportofino.eu, turismo.provincia.genova.it

Im Yachthafen von Santa Margherita geht eine zahlungskräftige Klientel vor Anker

Zimmer und ein reichhaltiges Frühstücksbuffet. *Via Romana 53 | San Lorenzo della Costa | Tel. 0185 28 34 31 | www.villa gnocchi.it | €€*

IMPERIALE PALACE HOTEL ❄

In dem Hotel über der Bucht von Santa Margherita wurden 1922 die Verträge von Rapallo zwischen Deutschland, Italien und anderen Staaten geschlossen. Heute genügt es selbst luxuriösesten Ansprüchen. *86 Zi. | Via Pagana 19 | Tel. 0185 28 89 91 | www.hotelimperiale.com | €€€*

MINERVA

Modernes, angenehmes Ambiente, blumenreicher Garten, zentral, aber ruhig gelegen. *35 Zi. | Via Maragliano 34 | Tel. 0185 28 60 73 | www.hotelminerva.eu | €€*

ZIELE IN DER UMGEBUNG

PORTOFINO ★ ● (135 D5) (𝄜 N3)

Ein 4,5 km langer, sehr schöner ❄ Küstenspazierweg führt an die Spitze der Halbinsel in das berühmte Fischerdorf. Idyllisch schmiegen sich die schmalen, bunten Häuser – heute feine Ferienapartments – in die natürliche, tief eingeschnittene Bucht im Schutz der bewaldeten Ausläufer der Halbinsel von Portofino. Weil der Autoverkehr völlig verboten ist, kann der reizvolle Ort (600 Ew.) seinen Zauber bewahren. Die Autos verschwinden für teure Gebühr im Parkhaus am Ortseingang. Von Santa Margherita gelangt man mit dem regelmäßig verkehrenden, preiswerten Bus in den Ort, oder man nimmt das Fährboot oder spaziert über den tollen Küstenweg hierher.

In der Hafenbucht ankern die phantastischen Motor- und Segelyachten des internationalen Geldadels. Betriebsamkeit kommt auf, wenn im Frühjahr die großen Regatten starten. Ansonsten warten auf die betuchten Yachteigner und Vips genauso wie auf die normalen Tagesbesucher schicke Boutiquen, Juwelierläden und Cocktailbars längs der Uferpromenade: Portofino ist mondän – und das heißt extrem kostspielig. Sehenswert ist das ☼ Luxushotel *Splendido (75 Zi. | Tel. 0185 26 78 01 | www.hotelsplendido.com | €€€)*, mit seinem Pool, seinem Park und dem weiten Blick über die Bucht eines der schönsten Hotels der Welt. Auch das zauberhafte *Splendido Mare (16 Zi. | Tel. 0185 26 78 02 | €€€)* unten im Herzen Portofinos gehört mit seinem Restaurant *Chuflay (€€€)* an der Piazzetta dazu. Unter den Restaurants mit ihren extrem überzogenen Preisen empfiehlt sich noch am ehesten die *Taverna del Marinaio (Di geschl. | Piazza Martiri dell'Olivetta 36 | Tel. 0185 26 91 03 | €€–€€€)*.

Zum Besuch Portofinos gehört ein ☼ Spaziergang hinauf auf den Bergrücken mit der Kirche San Giorgio und dem gleichnamigen Kastell, auch Castello Brown nach seinem früheren englischen Besitzer genannt. Der Weg garantiert herrliche Blicke aufs Meer und auf die Miniaturhafenbucht von Portofino. Wer weiter möchte, läuft bis zum Leuchtturm an der Landspitze Punta di Portofino.

Die mit subtropisch-mediterraner Vegetation bedeckte Halbinsel von Portofino steht zusammen mit ihrem Meeresgrund unter Naturschutz; das verspricht schöne ☼ Wandertouren mit spektakulären Ausblicken, die schönste führt über den Kamm nach San Fruttuoso (Markierung: zwei rote Punkte, 90 Min.). Informationen und Wanderkarten in der *Touristeninformation (Via Roma 35 | Tel. 0185 26 90 24 | www.portofinocoast.it, www.portofino.it)*.

RAPALLO (135 D5) (*m N3*)

Auch das unmittelbar an Santa Margherita anschließende Rapallo war einmal eine sehr mondäne Sommerfrische. Ein paar alte Hotels in üppigen Gärten deuten das noch an. Doch im größten Zentrum (29 000 Ew.) am Golfo del Tigullio setzte in den Sechzigerjahren das ein, was man seither in Italien *rapallizzazione* nennt: die zügellose Verstädterung und Zersiedelung eines in der Belle Époque wunderschönen Seebads. In zahlreichen Apartmenthäusern und Pensionen überwintern hier Pensionäre und Rentner. Immerhin: Einige der prachtvollen Hotels sind stilvoll renoviert und mit Wellnessbereichen ausgestattet, und gepflegte Uferpromenaden laden zum Flanieren ein, vorbei an hübschen Häuserfassaden und Cafés. Eines der stattlichen alten Luxushotels der Jahrhundertwende ist das herrlich gelegene *Excelsior Palace (131 Zi. | Via San Michele Pagano 8 | Tel. 0185 23 06 66 | www.excelsiorpalace.it | €€€)* mit allem modernen Komfort sowie Wellness- und Fitnessanlagen. Eine Empfehlung für Selbstversorger sind die neun Apartments der *Residence Il Convento (Via Paolo Zunino 15–17 | Tel. 0185 23 44 02 | www.residenceilconvento. com | €–€€)* im Zentrum. Auch ein Blick auf die Website *www.bed-and-breakfast-rapallo.com* lohnt bei der Unterkunftssuche. In den Geschichtsbüchern taucht der Name Rapallo auf als der Ort, an dem man sich in den Zwanzigerjahren des 20. Jhs. zu Friedens- und Reparationsverhandlungen zwischen Deutschland und Russland nach dem Ersten Weltkrieg traf. Einstiger Zeitvertreib der Fischersfrauen von Portofino und Rapallo war das Spitzenklöppeln, nunmehr im sehenswerten *Museo del Merletto (Di, Mi, Fr, Sa 15–18, Do 10–12 Uhr)* in der Villa Tigullio im Stadtpark Parco Casale zu bewundern. Ein origineller Speisetipp wenige Kilometer oberhalb von Rapallo in San Massimo: `INSIDER TIPP` *U Giancu* (Mi und Mo–Fr mittags geschl. | Via San Massimo 78 | Tel. 01 85 26 05 05 | www.ugiancu.it | €€) voller Comics, mit bunter Terrasse und gutem Essen. Sehenswert ist die Wallfahrtskirche ✼ *Santuario della Madonna di Montallegro* 11 km nördlich, die auch mit der Seilbahn zu erreichen ist, mit einer anrührenden Exvotosammlung. Hier auch ein Einkehrtipp mit Blick auf den Golf: das renovierte, hübsche ✼ *Albergo-Ristorante Monteallegro* (Di-Mittag, Mi-Mittag und Mo geschl. | 13 Zi. | Via Santuario di Monteallegro 22 | Tel. 0 18 55 02 68 | www.hotelmonteallegro.it | €). www.comune.rapallo.ge.it

SAN FRUTTUOSO ⭐ (135 D5) (*M3*)
Von Rapallo, Santa Margherita Ligure, Camogli und Portofino aus kann man diese im 11. Jh. erbaute Abtei per Schiff oder zu Fuß erreichen. Wer gut zu Fuß ist, sollte das unbedingt machen, die `INSIDER TIPP` Pfade durch immergrüne Macchia hoch überm Meer gehören zum Schönsten, was man hier erleben kann.

Das Kloster, im Sommer stimmungsvoller Schauplatz von Konzerten, liegt malerisch in einer Felsenbucht an der Spitze der Halbinsel von Portofino. Der Komplex wurde um die erste Jahrtausendwende von Benediktinern gegründet, entsprechend gehen viele Stilelemente der Klosterkirche auf die frühe Romanik zurück. Ein Kreuzgang gehört dazu sowie die Krypta, in der mehrere Mitglieder der in Ligurien allgegenwärtigen Doria-Familie begraben liegen.

Im Sommer ist die kleine Bucht oft übervoll, und in den paar (teuren) Trattorien drängelt es sich – versuchen Sie, nicht gerade am Wochenende herzukommen. Ein Tipp: Nicht in der ersten, immer überfüllten Bucht unterhalb des Klosters bleiben, sondern ein paar Schritte weiter in die zweite, kleinere und abgeschiedenere Bucht ausweichen; in der finden Sie auch das nette Lokal *La Cantina* (abends geschl. | Tel. 0185 77 26 26 | www.lacantinasanfruttuoso.it | €€). Auf dem Meeresgrund der Bucht steht eine Christusstatue, der am letzten Julisonntag die Taucher ihre Ehre erweisen.

Fast nahtlos geht Santa Margherita in das inzwischen stark zersiedelte Rapallo über

CINQUE TERRE

Der Küstenabschnitt der Cinque Terre, der „Fünf Länder", zählt zum Schönsten, was Italien zu bieten hat. Die Höhepunkte des Massenansturms werden um Ostern, an den Wochenenden und in den Sommerferien erreicht. Besucher von überall kommen hierher, neben viel Amerikanisch hören Sie jede Menge andere Sprachen.

Zu Fuß sind Sie hier eindeutig am besten dran. Keine Straße verbindet die Dörfer, wohl aber Wanderwege. Und die Eisenbahn, die sich durch die Berge zu den fünf Dörfern (zusammen ca. 5000 Ew.) bohrt. Ein paar zahlungspflichtige, in den Perioden starken Besucherzustroms jedoch stets übervolle Parkplätze bzw. Parkhäuser finden sich vor den Ortseingängen.

Beim Anblick der schroff ins Meer fallenden Felswände, vom Boot oder vom Klippenweg aus, fragt man sich verwundert, warum Menschen ausgerechnet hier ihre Dörfer gegründet haben. Schon zur Römerzeit siedelten sie auf den Klippen, denn immerhin bot die Unzugänglichkeit auch Schutz. Und im Lauf der Jahrhunderte entstand unter schwierigsten Bedingungen diese einzigartige Terrassenlandschaft: Insgesamt sollen es rund 8000 km Steinmäuerchen sein, die sich über eine Steilküste verteilen, die selbst nur 10 km lang ist. Diese *muretti,* aus Steinen *a secco,* also ohne Mörtel, geschichtet, stützen auf den steilen Hängen Erdterrasse um Erdterrasse ab, für Rebstöcke, Getreide, Gemüse und Olivenbäumchen. Wühlende Wildschweine und

Eine paradiesische Küstenlandschaft – deren fragiles Gleichgewicht durch Naturgewalten und menschliche Fehler bedroht wird

die heftigen winterlichen Regengüsse, die in letzter Zeit immer häufiger Ligurien heimsuchen, sind die Hauptgefahren für dieses Raster der Terrassenzeilen, das dem Auf und Ab der Steilhänge folgt – ein einmaliges landschaftliches Kunstwerk. 1997 ist es ins Welterbe der Unesco aufgenommen worden.

Der 1999 eingerichtete Nationalpark Cinque Terre, der auch den Meeresgrund vor der Küste einschließt, fördert in Pilotprojekten den Einklang zwischen Landschaftsschutz, aktiver Landwirtschaft und sanftem Tourismus. Kurse zur Technik des Trockenmauerbaus werden angeboten, der Bioanbau wurde eir geführt, uralte hiesige Rebsorten wie Rossese bianco, Ruzzese, Sciniscià wurden neu angepflanzt, sodass eine erstklassige Produktpalette – Kräuter, Öl, Wein, Oliven, Honig, Früchte und Gemüse – die Regale der hiesigen Feinkostläden füllt.

Die Jahre 2010 und 2011 haben den Cinque Terre sehr zugesetzt: Rechtliche Probleme des Nationalparks haben einige direkt vom Park betriebene Aktivitäten in

Mitleidenschaft gezogen – so wurde die Biokosmetiklinie Eco Bio Cosmesi del Parco eingestellt und die kleine Anlage am Santuario Madonna di Montenero oberhalb von Riomaggiore mit Restau-

Da wird der Winzer zum Bergsteiger: Weinterrassen über Manarola

rant und Häuschen in den Weinbergen, die man mieten konnte, musste schließen. Ein Waldbrand tat das Seine. Leere Gemeindekassen kamen hinzu – dem fiel u. a. das besonders nette Hostel in Manarola zum Opfer. Schließlich noch die verheerenden Regenfälle vom Oktober 2011. Immerhin: Was durch reißende Bergbäche, rutschendes Erdreich und entwurzelte Bäume hinunter in die Dörfer geschwemmt wurde, vor allem nach

Vernazza und Monterosso, ist aber längst weggeräumt. Durch die Ablagerungen hat sich Vernazza, das schönste Dorf, das am schlimmsten beschädigt wurde, weiter in die Hafenbucht vorgeschoben. Man arbeitete fieberhaft und erfolgreich, es wurde aufgebaut, gestrichen, erneuert ... Dabei halfen auch Kunstaktionen und internationale Spendenaufrufe *(save vernazza.com, vernazzafutura.blogspot.com).* Vor allem aber wurden die berühmten Wanderwege, an vielen Stellen weggespült, wieder gesichert; auf den Websites der Cinque Terre können Sie ihren Zustand mitverfolgen und sich aktuell über Sperrungen informieren, etwa auf *www.cinqueterre.it/news.php* oder auf *www.turismoprovincia.laspezia.it* unter dem Link „notizie".

SEHENSWERTES

CORNIGLIA (139 D4) (*∅ Q5*)
Das kleinste der fünf Dörfer liegt hoch oben auf einem Felsen überm Meer. Da es am mühsamsten zu erreichen ist, über die gewundene Bergstraße (wenige Parkplätze) oder mit der Bahn (vom Bahnhof Shuttlebus oder eine Treppe aus ziemlich vielen Stufen), bleibt es vom Ansturm der Tagesausflügler halbwegs verschont.

MADONNA DI SOVIORE UND WALLFAHRTSKIRCHEN ✳ (138 B1) (*∅ P4*)
Auf den bewaldeten Anhöhen oberhalb der fünf Dörfer liegen verstreut fünf Wallfahrtskirchen, die eindrucksvollste ist das romanisch-gotische Madonnenheiligtum, das man von Monterosso auf einer schönen Wanderung (ca. 3 km) erreicht. Man kann hier auch essen und in 50 einfachen Zimmern *(Tel. 01 87 81 73 85 | www.soviore.it | €)* übernachten. Zu Mariä Himmelfahrt, vom 14. auf den 15. August, findet hier alljährlich ein großes Marienfest statt, mit Prozession, Feuerwerk und

Schlemmerständen. Die Wallfahrtskirche gehört zusammen mit den Pfarrkirchen der fünf Dörfer zu den Orten, an denen Mitte September die anspruchsvollen Konzerte des ● INSIDER TIPP ▶ *Festival Internazionale di Musica Cinque Terre* aufgeführt werden.

Eine Reihe von Wallfahrtskirchen verteilen sich in exponierter Position oberhalb der Küstendörfer, man kann sie auf einer schönen Route *(www.parconazionale5 terre.it/la_via_dei_santuari.asp)* abwandern: Von Soviore geht es zum *Santuario della Madonna di Reggio* oberhalb von Vernazza, weiter zum *Santuario di San Bernardino* beim gleichnamigen Dorf, von dort zum *Santuario di Nostra Signora della Salute* beim Dorf Volastra und schließlich zum *Santuario di Montenero* oberhalb von Riomaggiore.

MANAROLA (139 E5) (⌖ Q5)

Von Corniglia aus sieht man Manarola mit seinen hübschen farbigen Häusern 3 km südöstlich an der Klippenküste liegen, malerisch hineingeschachtelt in eine Felsbucht, die zu einer Piazzetta voller Cafés und Restaurants oberhalb des kleinen Hafens ausläuft. Die Boote werden mit dem Kran nach oben auf die Piazzetta gehievt.

MONTEROSSO AL MARE
(138 A–B2) (⌖ P5)

Das größte der Cinque-Terre-Dörfer (1600 Ew.) hat fast urbanen Charakter und besitzt die meisten Hotels und Restaurants. Der Ort besteht aus zwei Teilen, dem älteren Fischerort Monterosso und dem jüngeren Stadtteil Fegina; vor ihnen erstreckt sich der einzige richtige Sandstrand der Cinque-Terre-Küste. Monterosso hat mit *San Giovanni Battista* eine sehenswerte romanisch-gotische Pfarrkirche mit der für Ligurien typischen gestreiften Fassade.

RIOMAGGIORE (139 E–F 5–6) (⌖ Q5)

Der südöstlichste Ort ist besonders eng eingeklemmt zwischen zwei Felsfalten, die Häuser ziehen sich vom Meer steil und eng die Felsen hinauf, eine Schneise schlägt die Hauptachse Via Colombo mit ihren kleinen Läden und Bars, die hinunter an die winzige Hafenrampe führt. Der Ort zieht sich so hoch hinauf, dass vom Bahnhof aus ein Aufzug in den oberen Ortsteil hinaufhilft, wo man vom ☀ *Belvedere* auf den Resten der Burg eine tolle Aussicht hat. Am oberen Ortsrand steht ein großes, hässliches Parkhaus. Im Dorf fällt an der Piazza dei Vignaioli ein buntes Wandgemälde auf, das die gesamte Fassade der Dorfschule bedeckt: Der Künstler Silvio Benedetto malte hier die Geschichte der Auswanderung aus den Cinque Terre nach Argentinien auf den Putz.

VERNAZZA ★ (138 C3) (⌖ P–Q5)

Vernazza gilt als das schönste der fünf Dörfer und ist entsprechend beliebt und

---

★ **Vernazza**
Von den fünf Dörfern ist das verschachtelte Vernazza das fotogenste → S. 79

★ **Bootsfahrten**
Das terrassierte Küstenrelief der Cinque Terre sieht man am besten vom Meer aus → S. 81

★ **Sandstrand von Monterosso**
Ein richtiger Sandstrand, eine Seltenheit an der Levante → S. 82

★ **Küstenwanderung**
Zum schönen Wanderweg zwischen den Dörfern gehört die Via dell'Amore → S. 83

MARCO POLO HIGHLIGHTS

überlaufen. Die schmalen, hohen Häuser in allen möglichen Rot- und Rosaschattierungen, dazwischen hellgraue und gelbe Fassaden, gruppieren sich malerisch um die Piazzetta der kleinen Hafenbucht und ziehen sich verschachtelt eine felsige Halbinsel hinauf. An der Piazzetta steht die Pfarrkirche *Santa Margherita*.

ESSEN & TRINKEN

A CANTINA DE MANANAN

Auf der Schiefertafel stehen die frischen, richtig guten Tagesgerichte dieser kleinen, gemütlichen Osteria an der zentra-

LOW BUDG€T

▶ Bahnfahren in den Cinque Terre ist ein umweltfreundliches, praktisches und äußerst preiswertes Vergnügen (s. auch Kasten S. 83). Für die Strecke von Riomaggiore nach Levanto z. B. zahlen Sie etwa 2 Euro.

▶ Wenn Sie eine Unterkunft mit Kochgelegenheit gemietet haben und größere Einkäufe nicht in den Tante-Emma-Läden am Ort erledigen, aber auch nicht bis La Spezia fahren wollen, empfehlen sich die Supermärkte in Levanto (z. B. Conad in der Via Martiri della Libertà und im Vicolo San Rocco).

▶ Nach der Schließung des ansprechenden Hostels in Manarola bleibt als Backpacker-Adresse nur noch das rein funktionale Hostel von Corniglia übrig (*je 1 Schlafsaal für Männer und für Frauen und 4 DZ mit Bad | Via alla Stazione 3 | Tel. 01 87 81 25 59 | www. ostellocorniglia.com | €*).

len Ortsgasse von Corniglia. Reservieren! *Di geschl. | Via Fieschi 117 | Tel. 01 87 82 11 66 | €€*

LA CANTINA DELLO ZIO BRAMANTE

In dieser rustikalen Taverne in Manarola gibt es zu guter Stimmung schmackhafte kleine Gerichte, vor allem aber eine reiche Weinauswahl und manchmal Livemusik. *In der Saison tgl. | Via Birolli 110 | Tel. 01 87 92 04 42 | €–€€*

DA BILLY

Sympathische Trattoria in Manarola mit toller ☼ Aussichtsterrasse. *Do-Mittag geschl. | Via Rollandi 122 | Tel. 01 87 92 06 28 | www.trattoriabilly.com | €€*

CAPPUN MAGRU

In Groppo oberhalb von Manarola bekommt man am allerbesten die ligurische Spezialität *cappun magru,* den berühmten Fisch-Gemüse-Auflauf. Auch sonst ist die Küche sehr gut. Sehr klein, reservieren! *Mo/Di und außer So mittags geschl. | Via Volastra 19 | Riomaggiore-Groppo | Tel. 01 87 92 05 63 | €€*

ENOTECHE & WINE-BARS

In Monterosso kann man in einer Reihe von Önotheken einkehren, zu einem Glas einer der Cinque-Terre-Weine und schmackhaften Kleinigkeiten: *Enoteca da Eliseo (Piazza Matteotti 3), Enoteca Internazionale (Via Roma 62)* und am Meer *Enoteca 5 Terre (Via Fegina 94). Alle €–€€*

A PIÉ DE MÀ ☼

Die Tische dieser Imbiss- und Cocktailbar mit Blick aufs Meer und die Felsküste stehen in Riomaggiore am Beginn der Via dell'Amore. Ein Glas Weißwein, ein Teller mit *focaccia* und gesalzenen Sardellen, und das Glück stellt sich ein. *Ostern–Okt tgl. | Via dell'Amore 55 | Tel. 01 87 92 10 37 | www.apiedema.com*

Kirchplatz, Hafenkai, Restaurantterrasse, Treffpunkt, Touristenmeile: die Piazza in Vernazza

IL PORTICCIOLO

Im Zentrum von Manarola empfiehlt sich diese freundliche Familientrattoria; die Betreiber vermieten auch drei Zimmer (€). *Mi geschl. | Via Renato Birolli 92 | Tel. 01 87 92 00 83 | www.ilporticciolo5terre. it | €–€€*

INSIDER TIPP IL SOLE A 180°

Eis, Getränke, *focacce* mit Schinken, Sardellen, Käse, Sandwiches, Pastagerichte – doch der eigentliche Clou dieser Imbissbar ist die Aussicht vom Balkon mit ein paar Tischchen. Einer der schönsten Blicke auf die Cinque Terre vom Land aus! Von La Spezia kommend an der Gabelung nach Riomaggiore. *Tgl. | Strada Litoranea | Tel. 01 87 92 02 01 | €*

EINKAUFEN

In Önotheken und Delikatessengeschäften bekommen Sie neben Wein kulinarische Spezialitäten wie Olivenöl, Pesto aus dem hier angebauten Basilikum, Honig, Zitronenmarmelade. Im *Centro Salagione di Monterosso (tgl. 9–15 Uhr | Via Servano 2/4)* werden die besonders schmackhaften **INSIDER TIPP Sardellen von Monterosso** in Salz eingelegt und verkauft. Wein beim Erzeuger kaufen Sie z. B. bei der *Azienda Vinicola Walter de Batté (Via Trarcantu 25)* in Riomaggiore oder in Groppo oberhalb von Manarola bei der *Cooperativa Agricola Cinque Terre.*

FREIZEIT & SPORT

BOOTSFAHRTEN ★

Bootsfahrten die Küste entlang werden von April bis Oktober angeboten. Sie ermöglichen vom Meer aus eine tolle Sicht auf diese verwegene Küste und ihre terrassierten Anpflanzungen; die Fährboote pendeln im Sommer im Stundentakt zwischen Monterosso und Portovenere, sie legen an den kleinen Häfen an, einzig das hoch gelegene Corniglia ist ohne

Anlegestelle. *www.navigazionegolfodei poeti.it*

STRÄNDE

Der bequemste ist der lange ★ *Sandstrand von Monterosso,* allerdings in der

TAUCHEN

Diese felsige Küste erfreut das Taucherherz: In Riomaggiore gibt es das *Diving Center 5 Terre (Via San Giacomo | www. 5terrediving.it),* in Levanto empfiehlt sich das *Punta Mesco Diving Center (Ortsteil*

In Monterosso machen die Berge Platz für einen richtigen Strand aus Sand und Kieseln

Hochsaison mit Badenden und Liegestühlen überfüllt. Gut zugänglich ist das Meer von den kleinen Hafenbuchten aus, Vernazza hat sogar einen winzigen Sandstrand am Hafen. Am schönsten ist die felsige Badebucht unterhalb von Corniglia, aber anstrengend über einen Treppenweg zu erreichen: Unterhalb der Bahntrasse geht es in einen etwas unheimlichen stillgelegten Bahntunnel (Einlass 5 Euro), fast 1 km lang, an dessen Ausgang man zum schattenlosen Kiesstrand *Guvano* gelangt. Und hier und dort kann man von den Klippen bei den Hafenbuchten der Dörfer ins Wasser klettern. Größere Badestrände mit feinem Kieselsand haben die Nachbarorte Levanto und Bonassola, schnell und billig mit der Bahn zu erreichen.

Valle Santa | Tel. 0187 80 70 55 | www.di vingcenter.net).

WANDERUNGEN

Wer in den Cinque Terre Urlaub macht, kommt vor allem auch zum Wandern. An Stoßtagen kommt es auf den Wanderwegen, die die Dörfer miteinander verbinden, zu regelrechten Fußgängerstaus. Überall sieht man Leute mit dicken Stiefeln und Rucksack, verschwitzt, aber glücklich. Sie kommen wahrscheinlich vom mehrtägigen, ca. 40 km langen ❋ *Wanderweg Nr. 1,* der von Levanto im Westen bis nach Portovenere im Osten am Golf von La Spezia dem Bergkamm oberhalb der Cinque-Terre-Küste folgt. Eine ausführliche Beschreibung dieser großartigen Wanderroute mit spektakulären Ausblicken finden Sie im Kapitel „Ausflüge & Touren".

Wer nicht so viel Zeit hat oder sich die große Tour nicht zutraut, dem bieten sich viele nicht weniger schöne Alternativen. Gut an einem Tag ist etwa die 12 km lange ⭐ 🥾 *Küstenwanderung* zu schaffen, der wunderschöne *Wanderweg Nr. 2, sentiero azzurro* genannt, der längs der Küste die fünf Dörfer miteinander verbindet (kostenpflichtig, s. Kasten „Cinque-Terre-Card"). Manchmal kann er unterbrochen bzw. für eine kurze Strecke gesperrt sein, wenn z. B. nach Regenfällen etwas abgerutscht ist – fragen Sie in den Touristenbüros an den Bahnhöfen.

Zwischen Manarola und Riomaggiore bildet ein ca. 25 Minuten kurzes Wegstück des *sentiero 2* die berühmte 🥾 *Via dell'Amore,* den eigentlich wenig romantisch mit Geländern abgesicherten „Liebesweg" mit Tausenden Liebes-Vorhängeschlössern in allen Größen und voller Herzschmerzgraffiti auf den zum Schutz gegen Steinschlag mit Beton befestigten

Felsen. In der *Bar dell'Amore (tgl. | Tel. 0187 92 10 26 | €–€€)* können Sie im Sommer auch zu Abend essen.

Von Monterosso nach Levanto verläuft eine besonders schöne Wanderung (ca. 3,5 Std.) durch duftende Macchia mit herrlichen Ausblicken, so vom 🥾 Küstenvorsprung *Punta Mesco.* Gönnen Sie sich beim Abstieg eine Erfrischung auf der 🥾 **INSIDER TIPP ▶** Panoramaterrasse des hübschen Hotels *La Giada del Mesco (12 Zi. | Via al Mesco | Tel. 0187 80 26 74 | www.lagiadadelmesco.it | €€).*

ÜBERNACHTEN

ARIA DI MARE
Vier geräumige Zimmer mit Terrasse in Manarola. *Via Aldo Rollando 137 | Tel. 0187 92 03 67 | ariadimare.info | €*

BARBARA
Mittendrin in Vernazza an der Hafenbucht neben der Kirche neun sehr ordentliche Zimmer, von 🥾 zweien (Nr. 8 und 9, €€) tolle Aussicht. *Piazza Marconi*

CINQUE-TERRE-CARD

Im Cinque-Terre-Gebiet kann man bestens aufs Auto verzichten (das Parken kostet 12–20 Euro pro Tag!), denn es gibt eine hervorragende und preiswerte Zugverbindung zwischen den Dörfern und darüber hinaus, nach Levanto und La Spezia. So kann man mit dem Zug in wenigen Minuten z. B. von Manarola zum Essen nach Vernazza fahren oder an den Strand nach Monterosso oder Levanto, ins Museum nach La Spezia – und das ab dem Morgengrauen bis nach Mitternacht. Wer dieses Angebot häufiger nutzen will, für den lohnt sich

die Cinque-Terre-Card, die Sie an jedem der Bahnhöfe für 10 Euro pro Tag bekommen. Mit ihr können Sie außerdem gratis den Küstenwanderweg Nr. 2 von Monterosso nach Riomaggiore (mit der Via dell'Amore) benutzen sowie die kleinen Shuttlebusse von den Bahnhöfen in die Ortskerne und die Ökobusse des Parks zwischen den Dörfern. Für die Shuttles und Busse ist auch die Tageskarte gültig, die zur Benutzung der Wanderwege berechtigt (werktags 5, sonn- und feiertags 7 Euro, in den Infobüros an den Bahnhöfen).

50 | Tel. 01878123 98 | www.albergobar
bara.it | €

CÀ D'ANDREAN
Zehn helle Zimmer in einer restaurierten
Ölmühle in Manarola. *Via Discovolo 101 |
Tel. 0187 92 00 40 | www.cadandrean.it |
€–€€*

LA COLONNINA
Im alten Kern von Monterosso 21 frische
Zimmer und ein lauschiger Garten zum
guten Frühstück. *Via Zuecca 6 | Tel.
0187817439 | www.lacolonninacinqueter
re.it | €€*

Eingeklemmt zwischen Felsen, konnte
Riomaggiore nur in die Höhe wachsen

IL GIARDINO INCANTATO
Vier romantische Bed-and-Breakfast-Zim
mer in Monterosso mit dem namenstif
tenden „verzauberten" Frühstücksgarten.
*Via Mazzini 18 | Tel. 01878183 15 | www.
ilgiardinoincantato.net | €€–€€€*

IL MAESTRALE
Im hinteren Teil der zentralen Altstadt
gasse von Monterosso ein stilvoller Hide
away mit Charme. *6 Zi. | Via Roma 37 | Tel.
0187817013 | www.locandamaestrale.
net | €€–€€€*

PASQUALE ☼
Am Meer im alten Kern von Monterosso
steht dieses von der Familie Pasini ge
führte, komfortable Haus mit 15 hübsch
gestylten Zimmern, alle mit Blick aufs
Meer. *Via Fegina 4 | Tel. 0187817477 |
www.hotelpasquale.it | €€€*

PORTO ROCA ☼
Atemraubende Lage im alten Teil von
Monterosso über dem Meer in einem
Zitrusgarten. Einen tollen Blick haben Sie
vor allem aus dem dritten Stock. *42 Zi. |
Via Corone 1 | Tel. 0187817502 | www.
portoroca.it | €€€*

IL SARACENO
Die kleine Hotelpension mit Terrasse und
Parkplatz liegt oberhalb von Manarola
im Dorf Volastra und eignet sich gut für
Gäste, die die Landschaft genießen, aber
dem Rummel in den fünf Dörfern entge
hen möchten. Im Sommer Shuttleverbin
dung nach Manarola. *7 Zi. | Ava-Volastra |
Tel. 0187760081 | www.thesaraceno.
com | €–€€*

LOCANDA VALERIA
Umgeben von Weinterrassen steil überm
Meer zwischen Vernazza und Corniglia
liegt dieses restaurierte Bauernhaus mit
sechs hübschen Zimmern und einem

phantastischen ❄ Panoramagarten. *Comeneco-Corniglia | Tel. 33 83 60 97 89 | www.locandavaleria.com | €€*

VILLA ARGENTINA ❄ ☺

In Panoramalage am Ortseingang von Riomaggiore wendet dieses helle, gepflegte Haus energiesparende Techniken an und serviert Bioprodukte. Parken in der nahen örtlichen Parkgarage. *15 Zi. und 4 Apartments | Via A. De Gasperi 170 | Tel. 0187 92 02 13 | www.villargentina. com | €€*

ZIMMER UND FERIENWOHNUNGEN

Fast alle Familien in den Dörfern vermieten Zimmer (zwischen 60 und 120 Euro pro Nacht), man fragt direkt in Geschäften, Bars und Restaurants, bei den Touristenbüros an den fünf Bahnhöfen, oder man lädt sich Adressenlisten aus dem Internet. Allein im kleinsten Dorf, in Corniglia, gibt es bei 250 Einwohnern rund 20 offizielle Vermieter von Gästezimmern und Ferienwohnungen. Ein paar Anbieter mit besonders netten Wohnungen: *www. arpaiu.com, www.baranin.com, www.ar baspaa.com, www.arucca.com* oder das Anzeigenportal *www.cinqueterre.com.*

AUSKUNFT

Ganzjährig geöffnet sind die gut ausgestatteten Informationsstellen des Nationalparks *(www.parconazionale5terre.it)* in den Bahnhöfen aller fünf Dörfer: Monterosso *Tel. 0187 817059*, Vernazza *Tel. 0187 8125 33*, Corniglia *Tel. 0187 8125 23*, Manarola *Tel. 0187 76 05 11*, Riomaggiore *Tel. 0187 76 00 91*. Der Hauptsitz der Parkverwaltung ist im Rathaus von Riomaggiore *(Tel. 0187 76 00 00)*. Außerdem findet man natürlich Informationen im Internet: *www.cinqueterre.it, www.le cinqueterre.org, www.5terre.de* und *www. turismoinliguria.it*

ZIELE IN DER UMGEBUNG

BONASSOLA (136 B4) *(ᴍ P4)*

Mit dem Zug gelangt man rasch in diesen abgeschieden in einer Bucht gelegenen, hübschen und gepflegten Ort mit schönem Sandstrand. Für einen leichten, frischen Imbiss in einem schönen alten Garten empfiehlt sich die *Bar-Caffetteria Pensione Moderna (Juni–Sept. tgl. | Tel. 0187 8136 62 | €)*, zum Wohnen die charmante, wunderbar oberhalb von Bonassola gelegene *Villa Belvedere (22 Zi. | Via Serra 33 | Tel. 0187 8136 22 | www.bonas solahotelvillabelvedere.com | €€).*

LEVANTO (136 B–C4) *(ᴍ P4)*

Levanto (6200 Ew.) liegt geschützt vor grüner Bergkulisse an einem kleinen Golf mit grauem Kieselstrand. Das sympathische Badestädtchen bezeichnet sich als „Tor zu den Cinque Terre", die Sie mit dem Zug in wenigen Minuten erreichen. Hier finden Sie Gassen und Plätze, die zum Flanieren, Shoppen und zum Aperitif einladen – und eine reiche Auswahl an Übernachtungsmöglichkeiten: Wer Lust auf gehobenen Komfort hat, dem sei das modern-mediterrane *Park Hotel Argento (47 Zi. | Via Sant'Anna | Tel. 0187 80 12 23 | www.parkhotelargento.com | €€€)* über Levanto mit Pool, Wellness und besonders guter Küche empfohlen. Ein Tipp für Preissensible ist das freundlich geführte, moderne Hostel in einem alten Konvent im Ortszentrum: *Ospitalia del Mare (Via San Nicolò | Tel. 0187 80 25 62 | www. ospitaliadelmare.com | €)*. In den Bergen oberhalb von Levanto versteckt sich ein sympathischer Bauernhof (Schafe und Biogemüse) mit Anschluss an die Wanderwege der Cinque Terre: ☺ *Agriturismo degli Olivi (3 Zi. | Ortsteil Bardellone | Tel. 0187 185 19 22 | www.agriturismode gliolivi.com | €)*. Gute Tipps zu Bed & Breakfasts u. a. in Levanto: *www.occhioblu.it*

GENUA

KARTE IM HINTEREN UMSCHLAG

Selbst schuld, wer Genua (ital.: Genova) (134 B4) *(☐ L2–3)* **bei seinem Urlaub an der Riviera nicht einen ausgedehnten Besuch abstattet! Ihm entgeht eine der reizvollsten Städte Europas.**

In den letzten Jahrzehnten hat sie sich von einem heruntergewirtschafteten Industriehafen zur lebendigen Kulturstadt gemausert. 650 000 Menschen leben die Hügelhänge hinauf, die höher gelegenen, bürgerlichen ☀ Wohnviertel erreicht man über Aufzüge, Serpentinen und Treppenaufgänge. Zum Hafen hin erstreckt sich die berühmte ★ Altstadt, ein einzigartiges Labyrinth aus *carruggi* (Gassen) voller Getümmel, aus dunklen, schmuddeligen Ecken, aus Geschäften mit modernem Billigkram oder neuer,

CITY WOHIN ZUERST?

Am besten starten Sie an der zentralen **Piazza De Ferrari (U D3–4)** *(☐ d3–4)* in der Innenstadt und spazieren durch die Altstadt hinunter zum Porto Antico. Vom Hauptbahnhof Piazza Principe gelangen Sie mit der U-Bahn (vier Haltestellen bis zur Endstation) hierher, vom Bahnhof Brignole mit den Bussen 12 und 13. Das Auto parken Sie in der Tiefgarage Corte Lambruschini (Via Tommaso Invrea 3) nahe dem Bahnhof Brignole bzw. Royal Park Corvetto noch zentraler in der Via Martin Piaggio 11 r – pro Stunde 2–3 Euro, pro Tag 15–20 Euro.

Bild: Brunnen an der Piazza De Ferrari

Lebendige Hafenmetropole, verwinkelte Altstadt: Die Hauptstadt Liguriens verwandelte sich vom Aschenputtel zur Stadt der *movida*

junger Raffinesse, aus Läden mit traditionellen Delikatessen und Handwerk. Viele Einwanderer aus Asien und Afrika sieht man, viele betreiben Imbissstuben und Marktstände. Die Gassen sind so eng, dass man den Kopf heben muss, um die Fassade einer Kirche, eines prachtvollen Palasts wahrzunehmen. Überall wird restauriert, und überall öffnen neue Lokale in den phantastischen Sälen und Gewölben der alten Palazzi.

Aus dem Dunkel der Gassen ins Licht zum Blick auf die Stadt, auf ihre schiefergrau-

en Dächer, die bunten Hafencontainer, die weißen Kreuzfahrtschiffe: Das muss einfach sein, ob vom Aussichtskran Bigo im Porto Antico, dem Alten Hafen, vom historischen Leuchtturm La Lanterna, vom Belvedere Castelletto oder von der Dachterrasse des Meeresmuseums Galata Museo del Mare im alten Hafengelände. Zum Abend gehört die **INSIDER TIPP** ==Einkehr in eine Bar zum Aperitif.== Dazu biegen sich die Theken unter köstlichen Kleinigkeiten. So gestärkt, kann man die *movida*, den Zug durch die Altstadtlokale, begin-

Nationalgalerie im Palazzo Spinola: wertvolle Gemälde und eine Panoramadachterrasse

nen. Ein Tipp: Kommen Sie mit der Bahn, denn Parkplätze sind in der engen Stadt rar.

SEHENSWERTES

ACQUARIO (U C3) (📖 c3)
Der berühmte Meerwasserzoo im Alten Hafen mit Haien, Pinguinen etc. – s. Kapitel „Mit Kindern unterwegs".

CASA DI COLOMBO/PORTA SOPRANA (U D4) (📖 d4)
Ein kleine, mittelalterliche Ecke an der Piazza Dante: Eines der letzten Stadttore (um 1200) ist die Porta Soprana. Hinzu kommen Reste eines romanischen Kreuzgangs und das Kolumbushaus, in dem der Amerikaentdecker Christoph Kolumbus im 15. Jh. aufgewachsen sein soll. *Sa/So 10–18 Uhr | Piazza Dante*

INSIDER TIPP CASTELLO D'ALBERTIS – MUSEO DELLE CULTURE DEL MONDO (U B–C1) (📖 b–c1)
Mit Abenteuergeist und wissenschaftlicher Neugier sammelte der große See-

fahrer und Ethnologe Enrico Alberto d'Albertis (1846–1932) auf seinen Seereisen hochinteressante Zeugnisse der Kulturen Asiens, Afrikas, Ozeaniens. Heute sind sie in seinem neogotischen Kastell zu bewundern. Ein Wunderwerk ist auch der exotische ☀ Park mit phantastischer Sicht auf die Stadt. Von der Via Balbi beim Hauptbahnhof Piazza Principe gelangt man im gläsernen Aufzug *Ascensore Castello d'Albertis* hinauf. *Di–So 10–17 Uhr | Corso Dogali 18 | www. castellodalbertis.museidigenova.it*

CASTELLO MACKENZIE ☀ (O) (📖 O)
Ein schlossartiger Palazzo erhebt sich weithin sichtbar im Panoramastadtviertel Castelletto, eine verspielte Architekturlaune aus Mittelalter, Renaissance und Jugendstil – außen wie auch im sehenswerten Innern. Er wurde vom Großmeister des Eklektizismus, Gino Coppedè, 1905 erbaut und ist heute Sitz des Kunstauktionshauses Cambi. *Führungen Mo– Fr 9, 10.30 und 12 Uhr | Anmeldung empfohlen unter Tel. 0108 39 50 29 | Mura di*

San Bartolomeo 16 c | www.castellomac
kenzie.it

COMMENDA SAN GIOVANNI DI PRÈ
(U B1–2) (🗺 b1–2)

Dieser wunderschöne romanische Kir-
chen- und Klosterkomplex in den für Genua typischen Farben Grau und Weiß
unweit des Bahnhofs an der lebhaften
Altstadtachse Via de Prè ist Johannes
dem Täufer geweiht, dessen Asche hier
einst aufbewahrt wurde.

GALATA MUSEO DEL MARE
(U C2–3) (🗺 c2–3)

In einem Mix aus neuer Glasarchitektur
und alten Werftanlagen im Porto Antico
ist das moderne Museum zur Geschichte
der Schifffahrt untergebracht, mit an-
schaulichen Szenen, Modellen, Filmaus-
schnitten und Italiens größtem U-Boot
(dazu mehr im Kapitel „Mit Kindern unterwegs"). Vergessen Sie nicht den Ausblick von der 🔅 INSIDER TIPP Dachterrasse! März–Okt. Di–So 10–19.30, Nov.
–Feb. Di–Fr 10–18, Sa/So 10–19.30 Uhr |
Calata De Mari 1 | www.galatamuseodel
mare.it

GALLERIA DI PALAZZO REALE ★
(U C2) (🗺 c2)

In diesem monumentalen Palast mit
schönen Hängegärten residierten die
italienischen Könige während ihrer Auf-
enthalte in Genua. Die zauberhafte Spie-
gelgalerie und kostbares Mobiliar sind
eindrucksvolle Zeugnisse vom luxuriösen
Lebensstil während des goldenen Zeitalters von Genua. Di/Mi 9–13.30, Do–So
9–19 Uhr | Via Balbi 10 | www.palazzoreale
genova.it

GALLERIA NAZIONALE DI PALAZZO
SPINOLA (U D3) (🗺 d3)

Der prachtvolle Altstadtpalast der alten Familie Spinola zeigt ihre kostba-

re Gemäldesammlung. Von der kleinen
🔅 INSIDER TIPP Dachterrasse aus hat
man einen phantastischen Rundblick
über die Dächer Genuas. Di–Sa 8.30–
19.30, So 13.30–19.30 Uhr | Piazza Pellic-
ceria 1 | www.palazzospinola.it

LOGGIA DEI MERCANTI
(U C–D3) (🗺 c–d3)

Genueser Händlergeist: An der Altstadtgasse Via San Luca liegt die Piazza dei

---

★ **Altstadt**
Das weitläufige Gassenlabyrinth
der Altstadt steckt voller Entdeckungen → S. 86

★ **Galleria di Palazzo Reale**
Kunstvoll gelegtes Pflaster
in den Hängegärten des
Königlichen Palasts → S. 89

★ **Lanterna**
Seit dem 13. Jh. das Wahrzeichen Genuas → S. 91

★ **San Lorenzo**
In der Schatzkammer des Doms
wird der Heilige Gral gehütet
→ S. 91

★ **Via Garibaldi**
Die prachtvollen Palazzi der
alten Familien → S. 92

★ **Mercato Orientale**
Die Genueser Markthalle ist
ein einziger Augenschmaus
→ S. 95

★ **Cimitero di Staglieno**
Die monumentale Totenstadt
der reichen Bürger Genuas
→ S. 97

MARCO POLO HIGHLIGHTS

Banchi, ehemals Platz der Geldwechsler, mit dieser Arkadenhalle (16. Jh.), in die im 19. Jh. die erste Warenbörse Italiens einzog (heute Ausstellungshalle). Selbst die ockerrot gestreifte Kirche *San Pietro* steht auf einem Sockel aus Geschäften.

MUSEO LUZZATI (U C3) (*m c3*)

Lassen Sie sich den zauberhaften **INSIDER TIPP** Zeichentrickfilm über Genua zeigen, ein Werk von Emanuele Luzzati, Sohn Genuas und Italiens berühmtester Bühnenbildner und Illustrator. *Di –Sa 10–13 und 14–18, So 10–18 Uhr | im Porto Antico, Porta Siberia | www.museo luzzati.it*

MUSEI DI STRADA NUOVA (PALAZZO ROSSO, PALAZZO BIANCO, PALAZZO DORIA-TURSI) ● (U D2–3) (*m d2–3*)

Ein Museumskomplex aus drei alten Palazzi an der Prachtstraße Via Garibaldi: Dazu gehören die beiden berühmten Gemäldesammlungen (Dürer, Veronese, Zurbarán, Rubens, Van Dyck, Caravaggio u. a.) des Palazzo Rosso (Nr. 18) und des Palazzo Bianco (Nr. 11) sowie der *piano nobile* des Rathauses, des wunderschönen Palazzo Doria Tursi, der mit dem benachbarten Palazzo Bianco verbunden ist. *Di–Fr 9–19, Sa/So 10–19 Uhr | Via Garibaldi | www.museidigenova.it*

PALAZZO DUCALE (U D3) (*m d3*)

Der einstige, sehr imposante Amtspalast des Dogen (seit 1339) ist heute das Kulturzentrum Genuas schlechthin und Ort bedeutender Kunstausstellungen. Hinzu kommen ein Jazzmuseum, Cafés, Restaurants, Kunstgalerien sowie Antiquitäten- und Buchläden. Man begann mit dem Bau im 14. Jh., seine prächtige klassizistische Fassade erhielt der Palazzo im 18. Jh. *Bei Ausstellungen Di–So 9–19 Uhr | Piazza Matteotti | www.palazzoducale.ge nova.it*

VILLA DEL PRINCIPE PALAZZO DI ANDREA DORIA (U A1) (*m a1*)

Die Herrscherresidenz, die sich der von Karl V. zum Fürsten über die Republik Genua erhobene Condottiere Andrea Doria errichten ließ, lag damals, im 16. Jh., in weiten Parkanlagen, die im 19. und 20. Jh. dem Bahnhof, Hafen- und Industriegeländen weichen mussten. Sorgfältig restauriert, erfreut der Palazzo mit kostbarer Innenausstattung. *März–Sept. Mi– So 10–17 Uhr | Piazza del Principe 4 | www. dopart.it/genova*

PALAZZO SAN GIORGIO (U C3) (*m c3*)

Im Mittelalter Sitz des Volksoberhaupts Capitano del Popolo: Damals, 1298/1299, saß hier einer der berühmtesten Reisenden aller Zeiten gefangen, Marco Polo. Als Venezianer hatte er gegen die Seerepublik Genua gekämpft. Hier im Kerker schrieb er seine schon zu Lebzeiten legendären Chinareisen auf: „Das Buch von den Wundern der Welt", ein Bestseller und Vorbild jeder Reiseliteratur. Später wurde der Palazzo Sitz des Zollamts und im 16. Jh. der berühmten Genueser Bank San Giorgio. Heute residiert hinter der wunderschönen Fassadenbemalung die Hafenbehörde. *Via della Mercanzia 2/ Piazza Caricamento*

PORTO ANTICO (ALTER HAFEN) (U A–C 2–3) (*m a–c 2–3*)

Dank der Neugestaltung durch Genuas großen Architekten Renzo Piano in den Neunzigerjahren ist der Alte Hafen das Freizeitareal der Genueser geworden: Hier wird flaniert und geskatet, hier finden sich die Museen (Aquarium, Meeresmuseum, Antarktismuseum), es gibt Cafés, Restaurants, Shops, Hotels, einen Konzertplatz, den nachgebauten historischen Schoner Nettuno und die beiden ☃ Panoramatürme, den modernen *Bigo (Sommer Di–So 10 Uhr–Sonnenun-*

tergang, Winter Sa/So 10–17 Uhr) mit Aufzug, ein stilisierter Verladekran, und den alten Leuchtturm ⭐ ☀ *Lanterna (Sa/So 10–18 Uhr),* das Wahrzeichen Genuas, mit einem kleinen Stadtmuseum im Sockel. Von den Hafenpiers starten Schiffe zur Hafenrundfahrt, zur Halbinsel von Portofino, zum Whalewatching *(www.*

weiß gestreifte Bau außen wie innen. Blickfang im Innern ist die Johannes dem Täufer geweihte Marmorkapelle im linken Seitenschiff. Die englische Granate im rechten Seitenschiff landete 1941 während einer Bombardierung Genuas in der Kirche, explodierte wundersamerweise aber nicht. Unbedingt besuchens-

Schwarzweiße Streifen prägen San Lorenzo von innen wie von außen

battellierigenova.it, www.liguriaviamare. it). Informationen zu Events und Infos auf *www.portoantico.it,* zum Whalewatching im Kapitel „Mit Kindern unterwegs".

SAN LORENZO ⭐ (U D3) *(◫ d3)*

In der Lünette über dem Hauptportal sieht man den hl. Laurentius, dem der Dom geweiht ist, auf dem Rost – sein Martyrium: eine von vielen plastisch-anschaulich in Stein gemeißelten Geschichten an der Domfassade. Weitere Entdeckungen sind römische und byzantinische Reliefreste im Mauerwerk. In romanischgotischem Mischstil besticht der schwarz-

wert ist das reizvoll modern gestaltete *Domschatzmuseum (Museo del Tesoro di San Lorenzo | Mo–Sa 9–12 und 15–18, 1. So im Monat 15–18 Uhr | www.museidi genova.it).* Es hütet den sogenannten Heiligen Gral, eine smaragdgrüne, sechseckige Glasschale, die das Blut Christi, den Wein des Abendmahls, enthalten haben soll. *Piazza San Lorenzo*

SAN MATTEO (U D3) *(◫ d3)*

Das romanisch-gotische Kirchlein (im Innern barock, seitlich ein Kreuzgang) liegt an einer beschaulichen Piazza mit imposanten Stadthäusern, alle in den typischen Farben Grau und Weiß. Das ganze Ensemble war einst das Wohnviertel der mächtigen Doria-Familie, der Doge Andrea liegt in der Krypta begraben. *Piazza San Matteo*

SANTA MARIA DI CASTELLO
(U C4) (*M c4*)
Im Stadtteil Castello im Südwesten der Altstadt ein stimmungsvoller Klosterkom-

An der Via Garibaldi: Palazzo Rosso mit seinen berühmten Sammlungen

plex der Dominikaner, ursprünglich aus dem 5. Jh., dann romanisch, im 15. Jh. zusätzlich ausgeschmückt, mit einem sehenswerten *Konventmuseum (Mo–Sa 9.30–12 und 15.30–18.30, So 15.30–18.30 Uhr). Salita Santa Maria di Castello | www.santamariadicastello.it*

TEATRO CARLO FELICE (U D3) (*M d3*)
Das im Zweiten Weltkrieg zerstörte Opernhaus ist 1991 von Aldo Rossi hinter alten Fassadenresten hochmodern und mächtig neu erbaut worden. *Piazza De Ferrari | www.carlofelice.it*

VIA GARIBALDI ★ (U D2–3) (*M d2–3*)
Jede Hausnummer an dieser Straße im Zentrum steht für einen prachtvollen Renaissance- bzw. Barockpalazzo der reichen Bankiers- und Händlerfamilien des goldenen Zeitalters Genuas, des 16./17. Jhs – die Glanzpunkte der insgesamt 42 *rolli*. In viele kann man hineinschauen, denn sie sind heute Banken, Handelskammer, Museen mit wertvollen Gemäldesammlungen *(Palazzo Rosso, Nr. 18, Palazzo Bianco, Nr. 11)*, Rathaus *(Palazzo Tursi)*.

ESSEN & TRINKEN

Noch finden sich in der Altstadt die traditionellen Imbissstuben, wo man die *focaccia* oder die *farinata* bekommt (z. B. *Antica Sciamadda* (U C3) (*M c3*) | *Mitte Juni–Mitte Sept. geschl. | Via San Giorgio 14 r*). Eine der letzten **INSIDER TIPP** *friggitorie,* wo man neben der *farinata* auch Gemüsetorten, Kutteleintopf und vieles mehr bekommt, ist die *Friggitoria Carega* ((U C3) (*M c3*) | Mo–Sa frühmorgens– 20 Uhr | Via Sottoripa 113 r | €). Ein neuerer Trend sind die zahlreichen orientalischen Imbissstuben.

BAKARI (U D3) (*M d3*)
Sorgfältig zubereitete Speisen in einer Altstadtgasse mit viel Atmosphäre in am Jugendstil inspirierten Ambiente. *Sa-Mittag und So geschl. | Vico del Fieno 16 r | Tel. 0102476170 | www.bakari.it | €€*

BALDIN (O) (*M O*)
Ein schönes, helles Lokal, ein begabter Koch, eine moderne, einfallsreiche Kü-

che: Das lohnt den Ausflug in den Vorort Sestri Ponente. *So/Mo geschl. | Piazza Tazzoli 20 r | Tel. 01 06 53 14 00 | www.ris torantebaldin.com | €€–€€€*

LE CANTINE SQUARCIAFICO
(U C3) (*m c3*)
Im säulengestützten Untergeschoss des Altstadtpalazzos Squarciafico beim Dom; lockeres, stimmungsvolles Ambiente, leichte Küche. *Tgl. | Piazza Invrea 3 r | Tel. 01 02 47 08 23 | www.squarciafico.it | €€*

LA FORCHETTA CURIOSA 😊
(U D4) (*m d4*)
Schmackhaft zubereitete Klassiker wie Stockfisch mit Polenta oder der Fisch-Gemüse-Eintopf *cappon magro,* dazu Weine aus biodynamischem Ausbau. *Mo-Abend geschl. | Piazza Negri 5 r | Tel. 01 02 51 12 89 | €–€€*

TRATTORIA FRANCA (U D3) (*m d3*)
Ein gemütliches, immer volles Traditionslokal in der Altstadt, in dem Sie gehobene Fischküche bekommen. *Mo geschl. | Vico della Lepre 8 | Tel. 01 02 47 44 73 | €€–€€€*

INDARSENA – DAL GAGGE
(U B2) (*m b2*)
Am Pier neben dem Schifffahrtsmuseum Galata genießt man in dieser *oyster bar* ohne viel Schnickschnack Austern, frische Krabben und perlenden Weißwein. *Di und mittags geschl. | Vecchia Darsena/ Calata Andalò Dinegro 4 | Tel. 34 77 13 90 20 | www.indarsena.it | €€–€€€*

INSIDER TIPP ▶ **LA MARINETTA** 〰️
(O) (*m 0*)
Man sitzt bei Thunfischcarpaccio, *trofie* mit Pesto und kühlen Weinen traumhaft in der Abendsonne am Meer nahe beim Fischerviertel Boccadasse, am schönsten natürlich im Sommer. *Mo und außer Sa/*

So mittags geschl. | Corso Italia 21 r | Tel. 0 10 31 75 43 | www.mcrinettalosteria.it | €€

NOUVELLE VAGUE (U D3) (*m d3*)
Im Keller eines Altstadthauses trifft man sich hier in bequemer Sesseln und von Büchern umgeben zum Aperitif, zum Essen, zum Absacker, bei Jazzmusik, manch-

LOW BUDGET

▶ Für 80 Cent ins Paradies: Mit dem Aufzug Castelletto geht es von der Piazza Portello auf den 〰️ *Belvedere Montaldo* mit grandioser Weitsicht.

▶ Für 6 Euro den ganzen Tag parken und die öffentlichen Verkehrsmittel benutzen: Das geht z. B. auf dem Parkplatz beim Stadion Luigi Ferraris im Osten Genuas *(Piazzale Marassi | Busse 12, 13, 47 in die Altstadt bzw. zum Porto Antico).*

▶ Für den preiswerten Mittagshunger: *Gran Ristoro (So geschl. | Via Sottoripa 27 r)* und *Colombo 92 (So geschl. | Via Sottoripa 31 r)* unter den lebhaften Laubengängen auf dem Weg zum Hafen sowie, mit Slowfood-Produkten, *Panino d'Autore (So geschl. | Via XX Settembre 68 r).* Hier gibts die leckersten *panini* der Stadt.

▶ Die *Genova Card (16 Euro/48 Std.)* gewährt freien Zugang zu 22 Museen und lohnt sich schon beim Besuch von dreien (das Aquarium ist allerdings ausgenommen). Sie ist direkt in den einzelnen Museen sowie bei den Touristenbüros erhältlich. *www. museidigenova.it*

mal auch live. Am Wochenende kann es sehr voll werden. *Mittags geschl. | Vico De Gradi 4 r | Tel. 01 02 65 44 2 | www. nouvelle-vague.it | €€*

VOLTALACARTA (U F2) *(🗺 f2)*
Hier im Zentrum nördlich der Altstadt isst man auch mit den Augen, so attraktiv sind die Speisen in dem hübschen Lokal präsentiert: leckere Lunchteller (€) und abends einfallsreiche Fisch-, Fleisch- und Gemüseküche. *Sa-Mittag und So geschl. | Via Assarotti 60 r | Tel. 01 08 31 20 46 | €€*

EINKAUFEN

An den größeren Straßen, die von der *Piazza De Ferrari* (U D3–4) *(🗺 d3–4)* abgehen – *Via XXV Aprile, Via XX Settembre, Via Roma* usw. –, liegt ein Geschäft neben dem anderen. Eine überdachte Einkaufsmeile ist die elegante *Galleria Maz-*

zini (U D3) *(🗺 d3)*. In der Altstadt stößt man noch auf herrlich altmodische Läden, z. B. mit feiner Konfiserie *(Confetteria Romanengo | Via Soziglia 74 r* (U D3) *(🗺 d3))* oder mit exotischen Gewürzen *(Drogheria Torrielli | Via San Bernardo 32 r* (U D4) *(🗺 d4))*. Glamouröse und witzige Designerstücke in grandiosen Sälen finden Sie bei *Via Garibaldi 12* ((U D2–3) *(🗺 d2–3) www.viagaribaldi12.com)* ebenda an der Prachtstraße. Angesagte Mode-Secondhand-Läden sind z. B. *Betty Page (Via di Ravecca 51 r* (U D4) *(🗺 d4))*, *Almanacco (Via Macelli di Soziglia 39 r* (U D3) *(🗺 d3))* und *Lipstick Vintage (Via XXV Aprile 62 r* (U D3) *(🗺 d3))*. Der Genueser Modeschöpfer Andrea Odicini ist seit Jahren ein großer Name in der internationalen Modeszene, seine Schöpfungen kann man in seiner Boutique *(Salita Santa Caterina 8* (U E3) *(🗺 e3))* bewundern. Und selbst markterfahrene Reisen-

---

I ROLLI: GENUAS ALTSTADTPALAZZI

Genuas goldenes Zeitalter begann 1528, als der große Admiral Andrea Doria mit Spanien unter dem Habsburgerkaiser Karl V. einen Vertrag abschloss, der ihn zum Oberhaupt der spanischen Flotte machte und die Genueser Kaufleute und Bankiers im Schlepptau der neuen Großmacht Spanien zu den aktivsten Geldverleihern und Finanzhändlern Europas. Eine Geldoligarchie aus Genueser Bankiersfamilien entwickelte sich, die ihren sagenhaften Reichtum aus der Verzinsung des Geldverleihs in den Bau prachtvoller Palazzi steckte, die sie mit den schönsten Gemälden der besten Künstler des 16. und 17. Jhs. füllte – Palazzi und Gemäldesammlungen, die man heute bewundern kann. 42 dieser

Prachtbauten stehen auf der Unesco-Liste des Weltkulturerbes, ● *rolli* werden sie genannt (nach *rotoli del catasto*, Katasterrollen). Ins *rollo*-Verzeichnis kamen die Besitzer, wenn ihr Palazzo Folgendes aufbieten konnte: unten großzügige Geschäfts- und Lagerräume, ab dem dritten Stock prächtige, mit Fresken und Gemälden ausgeschmückte Gemächer, in denen die Familie die Honoratioren und Staatsgäste der Stadtrepublik Genua ehrenvoll empfangen konnte. In der oberen Altstadt und vor allem um zwei Straßenzüge gruppieren sie sich noch heute: an der Via Garibaldi mit dem Rathaus und den Museumspalästen sowie an der Via Balbi mit den Universitätspalazzi. *www.irolli.it*

---

de kommen auf dem ⭐ *Mercato Orientale (Mo–Sa | Via XX Settembre/Via Galata* (U E–F4) *(📍 e–f4))* ins Schwärmen – ein auch optisch wunderbarer Lebensmittelmarkt in den Mauern eines alten Klosters. Eine zeitgenössische Delikatessenpräsen-

wandern, biken und paragliden (Infos in der Touristenauskunft). Ein Freibad mit Sonnenterrasse *(www.piscinaportoantico. it)* öffnet im Sommer mitten im Alten Hafen, die Stadtstrände mit ihren Badeanstalten liegen im Südosten der Stadt

Scampi, *vongole,* Doraden: Der Mercato Orientale verführt nicht nur Fischfans zum Schwelgen

tation ist *Eataly (Palazzo Millo | Calata Cattaneo 15* (U C3) *(📍 c3) | www.genova.eataly.it)* im Alten Hafen mit einer sagenhaften Auswahl an ligurischen Ölen und auch vier Speisemöglichkeiten.

FREIZEIT & STRÄNDE

Vom Pier am Aquarium starten Hafenrundfahrten *(www.liguriaviamare.it)* wie auch von der Anlegestelle Calata Spinola hinter dem Kreuzfahrtterminal *(www. battellierigenova.it)*. Im Sommer werden außerdem ● Schiffsausflüge zu den Cinque Terre und an den Golf von La Spezia sowie Ausfahrten zur Walsichtung *(www. whalewatchliguria.it)* angeboten. In der hügeligen Kulisse Genuas kann man

unterhalb der Küstenstraße Corso Italia. Die seit Jahrtausenden bekannten Thermalquellen von Acquasanta (134 A4) *(📍 K2)* oberhalb der Stadt im Nordwesten werden heute von modernen Thermalanlagen mit Wellness- und Beautyangebot genutzt: ● *Terme di Genova (Via Acquasanta 245 | www.termedigenova.it)*.

AM ABEND

ALTSTADT (U C–D3) *(📍 c–d3)*
An schönen Abenden treffen sich die jungen Leute an der *Piazza delle Erbe* vor der Kneipe Berto oder an der *Piazza della Lepre.* Sehr empfehlenswert ist der Aperitif, z. B. im entzückenden alten *Caffè degli Specchi (Salita Pollaiuoli 43 r)* oder

im Sommer im Porto Antico im Szenelo-kal *Banana Tsunami (Piazza delle Feste);* im Porto Antico auch zahlreiche abendli-che Open-Air-Veranstaltungen.

Im Sommer verlagert sich die Szene an die Küstenstraße Corso Italia mit Moon-lightdiskos, Klippenrestaurants und tags-über Badeanstalten. Eine INSIDER TIPP exzellente Website über die Szene, neue Lokale, Events und vieles mehr ist *www.mentelocale.it.*

THEATER

Ein sehr gutes Prosatheater ist das *Teatro della Tosse (Piazza Negri 2* (U D4) *(ﬂ d4)* | *Tel. 010 247 07 93* | *www.teatrodellatosse.it).* Opernfans gehen ins *Teatro Carlo Felice (Piazza De Ferrari* (U D3) *(ﬂ d3)* | *Tel. 010 58 93 29* | *www.carlofelice.it).*

ÜBERNACHTEN

CAIROLI (U C2) *(ﬂ c2)*

Ein kunstinspiriertes Ambiente, die zen-trale Lage und das gute Preis-Leistungs-Verhältnis sprechen für dieses Haus. *12 Zi., 2 Apartments* | *Via Cairoli 14/4* | *Tel. 010 246 14 54* | *www.hotelcairoligenova.com* | €–€€

BED & BREAKFAST
COLUMBUS VILLAGE

Vermittlung von Zimmern in der Innen-stadt und Umgebung in allen Preisklas-sen (DZ 40–150 Euro). *Tel. 010 86 20 29* | *www.columbusvillage.com*

NH MARINA ☆ (U C3) *(ﬂ c3)*

Gehobener Standard, tolle Lage auf dem Pier im Porto Antico! *133 Zi.* | *Molo Ponte Calvi* | *Tel. 010 25 39 1* | *www.nh-hotels.it* | €€–€€€

MELIÁ (U E5) *(ﬂ e5)*

Nahe der Messe schicker, moderner Lu-xus der renommierten spanischen Hotel-kette Sol Meliá in einem eleganten Ge-bäude aus den Zwanzigerjahren des 20. Jhs. Mit Spabereich. *99 Zi.* | *Via Corsica 4* | *Tel. 010 5 31 51 11* | *www.melia-genova.com* | €€€

BEST WESTERN METROPOLI
(U D3) *(ﬂ d3)*

Angenehmes Mittelklassehotel, zentral gelegen. *48 Zi.* | *Piazza Fontane Marose* | *Tel. 010 246 88 88* | *www.bestwestern.it/metropoli_ge* | €€

NUOVO NORD (U B1) *(ﬂ b1)*

Zentral in der Innenstadt und in Bahn-hofsnähe ein stilvoll renoviertes, einfa-ches Cityhotel. Zum Frühstück geht man besser in die nächste Bar. *19 Zi.* | *Via Balbi 155 r* | *Tel. 010 247 44 70* | *www.hotelnuovonord.com* | €–€€

OSTELLO SU GENOVA ☆ (O) *(ﬂ O)*

In den Hügeln oberhalb von Genua nahe der mittelalterlichen Wallfahrtskirche Nostra Signora del Monte ein sympathi-sches, 2011 eröffnetes Hostel mit 50 Bet-ten, die sich auf 2- bis 8-Bett-Zimmer verteilen. Grandiose Sicht, Terrasse und Garten gehören zu den Vorzügen. In der *Locanda del Monte (Mo–Do geschl.)* ne-benan kann man schmackhaft und preis-wert essen – im Sommer herrlich auch für ein Picknick. Nur die Anfahrt ohne Auto ist etwas mühsam: mit Bus 46 und 18 und dann weiter mit dem 385er. *Salita Nuova Nostra Signora del Monte 23* | *Tel. 010 50 42 06* | *www.sugenova.it* | €

B & B PALAZZO MORALI (U C3) *(ﬂ c3)*

Am Alten Hafen ein typischer Altstadt-kontrast: draußen eher raue Wirklichkeit, innen Flair des 18. Jhs. mit schönen, gro-ßen Räumen. Ein Zimmer mit Bad, die anderen drei teilen sich eins. *Piazza della Raibetta 2/28* | *Tel. 010 246 70 27* | *www.palazzomorali.com* | €–€€

Via Garibaldi 12 r (U D2) *(📖 d2)* | *Tel. 010 5 57 29 03; Infokiosk im Porto Antico (Piazza Caricamento* (U C3) *(📖 c3)* | *Tel. 010 5 57 42 00)* | *www.turismo.comune. genova.it, www.genova-turismo.it*

ZIELE IN DER UMGEBUNG

BOCCADASSE ● (134 B4) *(📖 L3)*
Die winzige, pittoreske Fischersiedlung an einer kleinen Bucht am Meer ist eine romantische Idylle im südöstlichen Stadtgebiet. Am Wochenende sind die auf Felsen liegenden Restaurants gut gefüllt.

CIMITERO DI STAGLIENO ★ ●
(134 B4) *(📖 L2)*
Kein schlichter Friedhof, sondern eine regelrechte Totenstadt am nördlichen Stadtrand mit monumentalen und pompösen Grabstätten in der schmachtend-naturalistischen Trauerbildhauerei des 19. Jhs. *Tgl. 7.30–17 Uhr | Piazzale Resasco | www.staglieno.eu*

FESTUNGSANLAGEN PARCO DELLE MURA ☀ (134 B4) *(📖 L2)*
Ein Dutzend teils gut erhaltener, herrlich gelegener Forts aus dem 16./17. Jh. sind über einen Wanderweg (drei bis vier Stunden) miteinander verbunden. Er beginnt beim ☀ Aussichtshügel *Righi,* den man mit der Standseilbahn vom *Largo della Zecca* (U C–D2) *(📖 c–d2)* aus erreicht.

MADONNA DELLA GUARDIA ☀
(134 B3) *(📖 L1–2)*
Auf dem Monte Figogna (804 m) wenige Kilometer nordwestlich von Genua erhebt sich diese prunkvolle Wallfahrtsstätte aus dem 16. Jh., die bedeutendste Liguriens, mit sehenswerter Exvotosammlung. *www.santuarioguardia.it*

NERVI (134 C4–5) *(📖 L–M3)*
Der Vorort am äußersten östlichen Ende des Genueser Stadtgebiets bietet einen wunderbaren ☀ Klippenspaziergang und gepflegte Parks mit zauberhaften

Vom Friedhof zum Freilicht-Skulpturen-museum: Cimitero di Staglieno

Villen. Einige sind Sitz von interessanten Sammlungen italienischer Kunst des 20. Jhs. wie die *Galleria di Arte Moderna,* die *Villa Grimaldi Fassio* und das *Museo Giannettino Luxoro,* eine weitere Villa beherbergt die *Wolfsoniana,* eine eindrucksvolle Sammlung angewandter Kunst aus dem 19. und der ersten Hälfte des 20. Jhs. Ein romantisches Hotel ist die *Villa Pagoda (17 Zi. | Via Capolungo 15 | Tel. 010 3 72 61 61 | www.villapagoda. it | €€€).*

AUSFLÜGE & TOUREN

Die Touren sind im Reiseatlas, in der Faltkarte und auf dem hinteren Umschlag grün markiert

1 IM ÄUSSERSTEN ZIPFEL DER PONENTE

In der westlichsten Ecke Liguriens vereinen sich die beiden Seelen der Ligurer: die eine vom weiten, blauen Meereshorizont geprägt, die andere vom bergigen Hinterland. Die hier vorgeschlagene Route von 140 km eignet sich gut als Tagestour mit Mittagseinkehr; sie lässt sich aber auch in einladenden Lokalen unterbrechen oder durch Schlenker erweitern. Sie beginnt bei den Badeorten Sanremo oder Arma di Taggia und steigt über Taggia durch das schmale Tal Valle Argentina hinauf, vorbei an Olivenhainen, durch Kastanien-, Steineichen- und Lärchenwälder, durch wilde Felslandschaften. Nach Tri-ora, dem Dorf der Hexen und Mühlen, geht es weiter hinauf nach Realdo und Verdeggia, dicht am Länderdreieck zu Frankreich und Piemont, Bergdörfer von stolzer Verschlossenheit und mit ganz eigenem Dialekt. Zurück geht es über Pigna und Dolceacqua nach Ventimiglia bzw. Bordighera, wo Sie wieder die Küste erreichen.

Von **Sanremo** → S. 46 geht es die Küste entlang nach Arma di Taggia und dort landeinwärts auf die SS 548 ins Tal **Valle Argentina** – zunächst nach ● **INSIDER TIPP Taggia** mit sehenswertem mittelalterlichem Zentrum, der gotischen Klosteranlage San Domenico, der grandiosen mittelalterlichen Brücke aus 16 Bogen über den Bergfluss Argentina und der romanischen Kirche Madonna del Canneto. Aus

---

Bild: Apricale

Mit dem Auto und zu Fuß durchs unbekannte Ligurien: Einen Zipfel Meer haben Sie bei diesen drei Touren fast immer im Blick

den hiesigen Olivenhainen stammen die unter Feinschmeckern gerühmten kleinen schwarzen Oliven, *olive taggiasche* genannt.

Nun steigt das Tal an, wird eng, lässt Blumenzucht und Oliven hinter sich und erreicht die alten, beschaulichen Dörfer **Badalucco** und **Montalto Ligure** (hier in der Kirche San Giorgio Fresken aus dem 14. Jh.). Die Spezialität der Restaurants in Badalucco ist Stockfisch, und wer hier ein paar Tage in einer schönen ländlichen Umgebung mit Pool und gutem Restau-

rant *(Mo/Di und außer So mittags geschl. | €€)* verweilen möchte, quartiert sich in der **Locanda Le Macine del Confluente** *(6 Zi. | Ortsteil Oxentina | Tel. 01 84 40 70 18 | www.lemacinedelconfluente.com | €)* ein. Ein Abstecher führt ins abgeschiedene, mittelalterliche **Carpasio** mit einem **Museum** *(April–Okt. Sa/So 9–18 Uhr)* zum Widerstand während des Faschismus.

Abwechslungsreich, vorbei an Felswänden und offenen Wiesen, gelangen Sie dann nach **Molini di Triora,** einem typi-

Gönnen Sie sich auf der Ponente-Tour einen erfrischenden Stopp in den Terme di Pigna!

schen Bergort – der Kontrast zu den farbigen, sonnigen Küstenorten könnte kaum größer sein. Hier fließen die Bergbäche Argentina und Capriolo zusammen, die einst 27 Getreidemühlen in Gang hielten. Zur Einkehr mit Rotwein aus hiesigem Anbau und vor allem den berühmten Bergschnecken lädt das gemütliche **Ristorante Santo Spirito** *(Mi geschl. | Tel. 0 18 49 40 19 | www.ristorantesantospirito.com | €)* mit zwölf netten Hotelzimmern ein.

Der kleine Ort **Triora** muss einmal reich und bigott gewesen sein, nach den Ruinen von fünf Festungsanlagen und nach den zehn Kirchen und stattlichen Wohnhäusern zu urteilen. Und berühmt-berüchtigt wegen der Hexenverfolgung, wie das Hexenmuseum **Museo Etnografico e della Stregoneria** *(Mo–Fr 15–18, Sa/So 10.30–12 und 15–18 Uhr | Corso Italia 1)* zeigt. Im Schlemmerladen **La Strega di Triora** *(Corso Italia 50 | www.lastregaditriora.it)* bekommen Sie erstklassige Bergkäse, eingelegte Pilze, Oliven und Honig, aber auch den „Hexen-

kuss" und Liebeselixiere. Im Zeichen lokaler Spezialitäten stehen die Schlemmerfeste im September: In Molini di Triora sind es die Schnecken am zweiten Wochenende auf der *Sagra delle Lumache* und in Triora die Pilze am letzten Wochenende zur *Sagra del Fungo*.

Hoch am Felsen kleben Dörfer wie **Realdo** und **Verdeggia;** hier starten Gebirgstouren (Infos zu Trekking- und Klettertouren in der Alta Valle Argentina bei der **Touristeninformation in Triora** *(Corso Italia 7 | Tel. 0 18 49 44 77 | www.comune.triora.im.it).* Wieder zurück über Triora geht es nun in Serpentinen durch Kastanienwälder, über die Alpkuppe **Colla di Langan** und die nahe Berghütte **Colle Melosa** (Abstecher hin und zurück 13 km), beliebte Ausgangspunkte für Bergtouren. Auf der Rückfahrt durchs Nerviatal hinunter zur Küste ist die nächste Station **Pigna** mit seinen dunklen, engen, mit Bogen überzogenen Gassen. Vor den Toren Pignas überraschen Schwefeldünste und eine moderne, aufwendige **INSIDER TIPP** **Thermalanlage** *(www.termedipigna.it |*

€€–€€€) mit Hotel, Spa und Beauty. Von Pigna aus führt die Strecke zu besonders schön gelegenen Bergdörfern, angefangen mit dem verwunschenen **Castel Vittorio** auf einer grünen Hügelkuppe, 1944 Schauplatz eines Wehrmachtsverbrechens. Dagegen war ☺ **Bajardo,** das nächste hübsche Dorf, 1887 Opfer eines Erdbebens, was im alten Dorfteil teilweise noch zu sehen ist. Bajardo steht im Mittelpunkt eines ehrgeizigen Projekts *(www.bioliguria.com),* nämlich der Restaurierung des Dorfs nach Kriterien der Bioarchitektur in der Hoffnung auf eine zunehmende Wiederbelebung.

Weiter geht es zum steilen Bergdorf ● **Apricale,** das – wie Triora – zu Recht zu den „Borghi più belli d'Italia" gehört, zu Italiens schönsten Dörfern, mit seinem Auf und Ab der Gassen, die das Labyrinth der mittelalterlichen Besiedlung zusammenhalten. Einen phantastischen Ausblick haben Sie von der romantischen 🥢 **Locanda Apricus** *(Via IV Novembre 5 | Tel. 01 84 20 90 20 | www.apricuslocanda. com | €)* mit fünf charmanten Zimmern. Von Apricale gelangen Sie bei **Isolabona,** ebenfalls ein mittelalterlicher Ort, zurück auf die Hauptstraße durch das Nerviatal gen Küste. Es folgen die Winzerstädtchen **Dolceacqua → S. 53** und **Camporosso,** und schließlich haben Sie auch wieder die Küste mit **Ventimiglia → S. 52** und **Bordighera → S. 38** erreicht.

2 DIE TÄLER VON CHIAVARI HINAUF

Auch der Tagesausflug in die Täler oberhalb von Chiavari (140 km) kann mit einem Stück Küste beginnen: Schließlich gehört zum Bild Liguriens immer beides, das Meer und die Berge. Gefahren lauerten früher überall, im steilen Gestein, in den einsamen Wäldern, in der rauen Brandung.

So entstanden mit der Bitte um Schutz zahlreiche Wallfahrtskirchen, meist herrlich gelegen und manche mit herzergreifenden Votivbildern, die von den überstandenen Schrecken und gefährlichen Zeiten der Fischer, Bauern und Hirten erzählen. Auf dem Weg von Moneglia über Sestri Levante und Chiavari bis hinauf in den Bergferienort Santo Stefano d'Aveto liegen solche Stätten, in denen im Sommer Feste mit Prozessionen, Markt- und Schlemmerständen sowie phantastischen Feuerwerken stattfinden. Zum Auftakt laden bei **Moneglia → S. 62** angenehme Strände ein, etwa die berühmte **Spiaggia La Secca,** zu Fuß von der Küstenstraße am nordwestlichen Ortseingang zu erreichen. Über die besser ausgebaute Via Aurelia geht es zu den Küstenorten **Sestri Levante → S. 63, Lavagna → S. 62** (mit altem Ortskern und berühmt für die nahen Schieferbrüche) und **Chiavari → S. 59.** Landeinwärts öffnet sich das Entellatal, und nach 3 km geht es hinauf zur anthrazit und weiß gestreiften **Basilica dei Fieschi → S. 61.** Weiter fahren Sie auf der SS 225, die bald den Weg ins Fontanabuonatal einschlägt, halten sich dann aber Richtung Borgonuovo, um schließlich die Linksabzweigung ins Sturlatal nach Borzonasca zu nehmen. Hier lohnt der Abstecher hinauf zur mittelalterlichen Abtei **Abbazia Borzone,** in stimmungsvoller Einsamkeit gelegen.

Die Route windet sich dann weiter auf den Forcellasattel, tritt ins Avetotal ein, erreicht das Bauerndorf Cabanne, das sich in einer weiten Mulde ausdehnende **Rezzoaglio** mit seinen mittelalterlichen Brücken und schließlich den Bergferienort **Santo Stefano d'Aveto** (Auskunft: *Piazza del Popolo 6 | Tel. 01 85 88 04 6 | www.valdaveto.net).* Buchenwälder und die Kuppe des **Monte Penna** (1735 m) laden zu Wanderungen ein, im Winter bei besten Schneeverhältnissen auch zu Langlauf. Ganzjährig geöffnet und daher eine gute Basis für Wanderungen, Kletter- und Skitouren ist das einfache Hotel **San Lorenzo** (27 Zi. | Via Guglielmo Marconi 52 | Tel. 01 85 88 00 8 | albergosan lorenzo@virgilio.it | €).

Die Rückfahrt zur Küste folgt bis hinter Cabanne, kurz vor dem Forcellasattel, der gleichen Strecke, nimmt dann aber die Rechtsabzweigung nach Favale di Malvaro und erreicht bei **Cicagna → S. 64** das **Fontanabuonatal.** Nach 3 km talwärts folgen Sie der Rechtsabzweigung nach **Rapallo → S. 74,** von der nach weiteren 8 km ein Abstecher zu einem der berühmtesten Wallfahrtsorte Liguriens führt, dem **Santuario Madonna di Montalleg- ro → S. 75** (6 km hin und zurück). Nach einem letzten reizvollen Abschnitt erreichen Sie dann bei Rapallo die Küste.

③ AUF DEM KAMM ÜBER DEN CINQUE TERRE

★ ☆ Eine der schönsten Landschaften Liguriens sind die **Cinque Terre → S. 76** an der Riviera di Levante: fünf auf Felsklippen sich krallende Dörfer, vorn die Gischt der Meereswellen, im Rücken die in Terrassen aufsteigende Küste aus Stein. Die herrliche Aussicht, die großartige Landschaft und eine ganze Reihe von markierten Wegen laden zum Wandern ein. Vor allem zwei Strecken sind zu nennen: der Küstenweg Nr. 2 (mit der berühmten Via dell'Amore zwischen Manarola und Riomaggiore), der die fünf Dörfer miteinander verbindet (insgesamt ca. fünf Stunden), und der Höhenweg Nr. 1, der hoch oben auf dem Küstenkamm verläuft, über mehrere Berggipfel mit atemraubender Aussicht führt, bei Levanto aufsteigt und bei Portovenere wieder hinunterführt. Mit seinen zwölf Stunden (ca. 40 km) Wan-

derdauer ist er an einem Stück kaum zu schaffen. Daher empfiehlt es sich, ihn in zwei oder drei Etappen aufzuteilen. Eine sehr reizvolle Unterbrechung bildet der einstündige Abstieg hinunter nach Vernazza; der Aufstieg am nächsten Morgen dauert 90 Minuten.

Der Weg bietet keine großen Schwierigkeiten, und dank des milden Klimas kann man ihn, außer in der Hitze des Hochsommers, das ganze Jahr über begehen. Am schönsten ist er wohl zur Weinlese im Herbst. Bei den Erdrutschen infolge der verheerenden Regenfälle im Oktober 2011 brachen auch einige Streckenstücke der Wanderwege weg. Über die Instandsetzung der Dörfer und der Landschaft, die umgehend mit viel Einsatz begonnen wurde, informieren die Websites *www. cinqueterre.it/news.php* und *www.turis moprovincia.laspezia.it* (unter „notizie"). Der Wanderweg ist rot markiert. Man braucht festes Schuhwerk, Wasser und Wegzehrung. Die Wanderkarten des italienischen Alpenvereins (CAI) oder die Kompass-Wanderkarte Nr. 644, Blatt Cinque Terre, finden Sie in den Buchhandlungen an der Küste.

Beginnen Sie die Wanderung im Zentrum von **Levanto → S. 85** und gehen zunächst unter der alten Eisenbahnlinie hindurch ein Stück am Meer entlang, am Kastell vorbei und dann immer weiter ansteigend über dem Meer bis zu einer Weggabelung (1,30 Std.): Rechts erscheint nun die ☆ Landspitze **Punta Mesco** mit einem phantastischen Weitblick auf die Cinque-Terre-Küste. Weiter an der Küste entlang ginge es nach **Monterosso → S. 79;** Weg Nr. 1 hingegen führt den Kamm hinauf. Es geht über mehrere Bergkuppen (etwa über den Montenegro mit 464 m Höhe), bis der Weg schließlich die obere Küstenstraße nach Monterosso bzw. nach Legnaro und Levanto erreicht (2 Std.).

Weg Nr. 1 folgt nun dem ansteigenden Asphaltsträßchen, das am besuchenswerten Wallfahrtsort **Madonna di Soviore → S. 78** mit Übernachtungsmöglichkeit vorbeiführt, bis Sie nach 3,5 km eine Serpentinenkurve der Straße hinweg wieder auf eine Staubstraße durch den Wald. Es geht bergab, immer näher der Küste zu, durchs Dorf **Campiglia** (1,30 Std.).

Wer sich den Kammweg nicht zutraut, wandert den nicht minder spektakulären *Sentiero 2*

(1 Std.) wieder die Straße verlassen. Nach 45 Min. Wanderweg erreichen Sie erneut ein Asphaltsträßchen oberhalb der Häuser von **Drignana.** Nach einem kurzen Straßenstück beginnt dann der Anstieg auf die Bergkuppen **Montepertuso** (815 m) und **Monte Castello** (752 m) (von Drignana 1,45 Std.). Hier oben auf dem ☼ Kamm beginnt das spektakulärste Teilstück der Wanderung: Herrliche Ausblicke bieten die Bergkuppen und der Kammweg (1,45 Std.).

Es folgt ein Waldstück, das sich an Wasserläufen und Quellen entlangzieht. Erneut führt der Weg über den Kamm auf und ab über Kuppen und Sattel bis zur **Sella La Croce** (673 m, 1,30 Std.). Der Hauptweg geht nun in eine Staubstraße über, bis er kurz vor der Straßengabelung **Bramapane** wieder als Weg abzweigt, vorbei an einer Festungsanlage und über

Sich auf dem linken Weg haltend, parallel zum Sträßchen, gelangen Sie im Anschluss an eine scharfe Kurve auf das Steilstück der Felsen von **Muzzerone.** Es ist eine ungefährliche, wenn auch die anspruchsvollste Wegstrecke, und schon nach 30 Min. ist erneut die Straße erreicht, deren Serpentinen Sie hinunterfolgen bis nach **Portovenere → S. 70** (1,15 Std.).

Oder Sie nehmen den Küstenweg und steigen eine lange Folge von Steinstufen hinab zum Kastell Doria an der Piazza Bastreri von Portovenere. Von dort gelangt man mit öffentlichen Verkehrsmitteln zurück in die Cinque Terre. Da vom Höhenweg Nr. 1 immer wieder Wege hinab zu den Dörfern abgehen, die zur lohnenden Einkehr einladen, lässt sich diese Wanderung auch sehr gut in drei Tagesetappen aufteilen.

SPORT & AKTIVITÄTEN

Mare e monti, **das Meer und die Berge, das beherrschende Szenario der ligurischen Riviera, ermöglichen jede Art von sportlicher Aktivität. Auch Ausgefalleneres wie Canyoning, Paragliding, Rafting, Orienteering steht auf dem Programm.**

DRACHENFLIEGEN & PARAGLIDING

In der Luft über die Steilküsten segeln – für die, die es sich trauen, kann man sich kaum ein atemraubenderes Szenario vorstellen. An der Riviera di Ponente wie an der Levante gibt es entsprechende Flugschulen, z. B. den Verein der Freunde des Outdoorsports in Ligurien *(www.li guriadventure.it).* Zum Drachen-, Gleitschirm- und Fallschirmfliegen (und Wind-

surfen) trifft man sich beim Festival del Vento am dritten Märzwochenende in Spotorno.

FAHRRADFAHREN

Für viele gute Hotels gehört es heute fast schon zum Standard, ihren Gästen Fahrräder zu Verfügung zu stellen, gratis oder gegen Gebühr. Eine mitlerweile berühmte ● Radstrecke findet sich längs der Küste an der Ponente zwischen Sanremo und San Lorenzo al Mare Richtung Imperia *(www.pistaciclabile.com).*

FREECLIMBING

Die **INSIDER TIPP** Kalkwände bei Finale Ligure gelten in der europäischen Free-

---

Bild: Küstenwanderweg Sentiero 2 in den Cinque Terre

Paradies für Gipfelstürmer und Wasserratten: wandern über Höhenkämme und Klippen, tauchen, surfen, segeln auf sauberem Meer

climberszene als besonders schön und abwechslungsreich: Mehr als 1500 Kletterrouten finden sich hier. Klettern kann man auch im oberen Argentinatal oberhalb von Sanremo, in der Val Pennavaira oberhalb von Albenga, an der Levante bei Sestri Levante und an den Felsen von Muzzerone, die sich spektakulär direkt über dem tiefblauen Meer zwischen Portovenere und den Cinque Terre erheben. Längst gibt es auch auf Deutsch detaillierte Routenbeschreibungen über die Klettergebiete, z. B. von Andrea Gallo,

dem Kletterexperten und Bergfotografen aus Finale Ligure. Tourenführer in Finale findet man über die Website *www.blu mountain.it*.

GOLF

Golf ist sehr angesagt, und für die nächsten Jahre ist die Entstehung zahlreicher Plätze vorgesehen. Doch jetzt schon werden Golfspieler fündig, das milde Klima der Riviera macht es zudem möglich, das ganze Jahr über zu spielen. In Sanremo spielt man auf einem der traditionsreichsten Golfplätze Italiens, der schon 1932 angelegt wurde: *Circolo Golf degli Ulivi (18 Löcher | Strada Campo Golf 59 | Tel. 01 84 55 70 93 | www.golfsanremo.com)*. Ein schöner Platz für Anfänger wie Experten liegt in Garlenda oberhalb von Albenga: *Golf Club Garlenda (18 Löcher | Via del Golf 7 | Tel. 01 82 58 00 12 | www.garlendagolf.it)*. Inmitten eines Pinienwalds liegt der *Golfclub von Arenzano (9 Löcher | Piazza del Golf 3 | Tel. 01 09 11 18 17 | www.golfarenzano.it)* mit Tennis und Pool nahe Genua. Einen landschaftlich besonders reizvollen Platz bietet Rapallo: *Circolo Golf Rapallo (18 Löcher | Via Mameli 377 | Tel. 01 85 26 17 77 | www.golftennisrapallo.it)*. Weitere Golfplätze in Ligurien finden Sie über die Website *www.blumenriviera.de/Italien/Ligurien/Golfplaetze*.

MOUNTAINBIKING

Die Berge im Hinterland der Riviera auf dem Mountainbike zu erkunden ist nicht nur bei Touristen, sondern auch unter den Einheimischen sehr beliebt. Die zahlreichen MTB-Routen Liguriens führen über Forstwege und alte Maultierpfade, über ausgezeichnete Wanderwege, durch Wälder und über Hangwiesen. Die Fremdenverkehrsämter helfen mit Infos und Adressen zu MTB-Routen und Radverleih. In den Lokalzügen ist die Mitnahme von Rädern erlaubt. Eine sehr beliebte MTB-Gegend ist das Gebiet um Finale Ligure mit Websites zum Thema *(www.finalbiking.com, www.finalefreeride.net, www.finaleligure.de, www.finaleligure-bikeresort.com)*, die über Trails, Unterkünfte und Werkstätten informieren. Auf Deutsch ist von Yoyo Marienfeld ein Routenführer mit Beschreibungen und GPS-Angaben herausgekommen („Mountainbiken in Finale Ligure"). Hinzu kommen

ein exzellent ausgestatteter Outdoorshop in Finalborgo *(Piazza Garibaldi | www.rockstore.it)* sowie ein internationales MTB-Treffen alljährlich am dritten Maiwochenende *(www.24hfinale.com)*. Wer ein gutes Rad braucht, neu oder gebraucht, dem sei der Laden *Goodbike (Via Untoria 25 r | www.goodbikecicli.it)* in Savona empfohlen.

REITEN

Wer im Sattel durch die Wälder und über die Wiesen streifen möchte, findet ein paar Dutzend Reitställe im hügeligen Hinterland der Küste. Die Fremdenverkehrsämter helfen mit Adressenlisten. Auch einige Bauernhöfe, die Ferienunterkünfte anbieten, halten für ihre Gäste Reitpferde. Ein **INSIDER TIPP** besonders gut geführter Reiterhof mit deutschsprachigem Besitzer und 20 Tieren, auf denen man auch an mehrtägigen Wanderritten teilnehmen kann, liegt an der Ponente bei Dolcedo nahe Imperia: *Maneggio Mulino Martino | Via Clavi 13 | Tel. 01 83 28 07 82 | www.mulinomartino.de*

TAUCHEN

Die ligurische Küste ist dank ihrer Felsigkeit ein Taucherparadies, fast überall geht es nach wenigen Metern schon sehr rasch in die Tiefe. Besonders schöne Unterwasserwelten finden sich z. B. bei Ventimiglia an den **INSIDER TIPP** Balzi Rossi mit weiten Seegrasfeldern. Am Inselchen Isolotto di Bergeggi südwestlich von Savona können Taucher in 35 m Tiefe Stalaktiten und Stalagmiten bestaunen. Traumhafte Meeresgründe bietet die Levanteküste, vor allem um die Halbinsel Portofino, vor der Küste der Cinque Terre und im Golf von La Spezia. Der Meeresgrund vor Portofino und vor den Cinque Terre steht unter Naturschutz. Tauchschulen, *scuola sub* oder *diving center* genannt, mit Ausrüstungsverleih finden sich in allen größeren Badeorten, schauen Sie auf die Website *www.liguriendirekt.com.*

WANDERN

★ *Wandern* gehört zu den Highlights eines Ligurienurlaubs. Für jeden Anspruch gibt es geeignete Wandertouren, besonders beliebt sind die Cinque Terre, aber auch die hoch gelegenen Naturparks wie der Parco Monte Beigua oberhalb von Varazze. Den eigentlichen Höhepunkt bildet die *Alta Via dei Monti Liguri (s. Kasten S. 23).* Hilfreich für Wanderungen sind auch die gute Website *www.italienwandern.de* oder die Navigationsberechnungen auf *sentieri.outdooriviera.com.* Detaillierte Wanderkarten kann man auch runterladen von *turismo.provincia.savona.it.* Ein Tipp: Jeden Donnerstag organisiert der Club Alpino Italiano CAI eine geführte Wanderung von Loano durchs Hinterland der Ponente mit phantastischen Ausblicken, gratis und in wanderfreudiger Gesellschaft; Programm auf *www.cailoano.com* unter „nonsolomare".

WILDWASSERSPORT

Kajakfahren, Rafting, Canyoning: Die ligurischen Bergtäler mit ihren Sturzbächen bieten beste Möglichkeiten für alle, die es mit diesen Wassergewalten aufnehmen möchten. Besonders beliebt sind die Bergflüsse Argentina oberhalb von Sanremo und Vara oberhalb von La Spezia.

WINDSURFEN & SEGELN

An guten Tagen wimmelt es nur so von weißen Segeln vor der Rivieraküste, im Hochsommer herrscht dagegen häufig Flaute. Praktisch jeder größere Badeort verfügt über einen Sporthafen, und es gibt über 60 Segelvereine, von denen zahlreiche auch Segelkurse anbieten sowie Boote jeder Art und Größe verleihen. Im Herbst und Frühjahr weht häufig der Libeccio aus Südwest – ideal für die Windsurfer, die sich am Strand von Imperia treffen. Varigotti, Varazze und Levanto sind drei beliebte Spots. Brettverleih und Unterricht findet man an vielen Stränden.

Segeln, surfen, tauchen: Ligurien stellt Wassersportler vor die Qual der Wahl

MIT KINDERN UNTERWEGS

Manchmal bekommt man, ob Kind oder Erwachsener, Lust auf etwas anderes, muss einfach mal einen Tag Pause von Meer und Strand machen – nicht zuletzt, weil Ligurien ein paar Attraktionen zu bieten hat, die man sich als Familie nicht entgehen lassen sollte.

Da ist z. B. das Aquarium von Genua mit seiner überreichen Sammlung an Meeresgetier in großen Wasserbecken, darunter sogar ein paar zähnefletschende Haifische. Große Meeresbewohner lassen sich aber auch auf dem offenen Meer ausmachen: Wale und Delphine, an deren Tummelplätze weit draußen vor der Küste Schiffsausflüge heranführen. Außerdem gibt es Tropfsteinhöhlen, Museen mit Hexen, mit Dinosaurierspuren, mit geflügelten Eichhörnchen, Museen,

in denen gezeigt wird, wie man früher lebte. Ein Bergwerk kann man besuchen, aber auch ein Wasserspaßbad.

An der Riviera geht es im Allgemeinen ausgesprochen kinderfreundlich zu. Kindergeeignete Strände mit Sand oder kleinen Kieseln, von denen es seicht ins Meer hineingeht, finden sich vor allem an der Ponente. In vielen Hotels und Ferienanlagen bekommen Sie Preisnachlässe für kleine Kinder, Kinderteller und Kinderbetten. Seit Kurzem gibt es in Finale Ligure sogar ein Hotel, das nur Familien mit Kindern als Gäste akzeptiert und entsprechend ausgerüstet ist: mit Küchenzugang rund um die Uhr, Menüabsprache etc. *(Hotel Villa Ada | Via Genova 4 | Tel. 0 19 60 16 11 | www.hoteldel bambino.com).*

Bild: Aquarium in Genua

Tropfsteinhöhlen, simulierte Erdbeben und eine „Stadt der Kinder": Ligurien bietet kleinen Urlaubern mehr als Strand und Badespaß

RIVIERA DI PONENTE

ERLEBNISPARK LE CARAVELLE IN CERIALE (132 B6) (*ØD G5*)

Karavellen hießen die Schoner, mit denen der Genuese Christoph Kolumbus vor etwas mehr als einem halben Jahrtausend aufbrach und Amerika entdeckte. In reduziertem Ausmaß dümpeln sie zum Draufrumklettern in der Wasserlandschaft dieses nach ihnen benannten Erlebnisparks – eine Landschaft, die versucht, die Reise von Kolumbus und die damalige Zeit, das ausgehende 15. Jh. in Genua, in Spanien, schließlich in der Karibik, lebendig werden zu lassen. Zum reinen Vergnügen gibt es diverse Schwimm- und Plantschbecken und zahlreiche Arten von Wasserrutschen – für jede Altersstufe etwas. Außerdem Animation, Eiscafés und ein Selbstbedienungsrestaurant. *Juni–Sept. tgl. 10–19 (Juli/Aug. Mi und So bis 22) Uhr | 20 Euro, Kinder 1–1,40 m und generell nach 14.30 Uhr 15 Euro | Via Sant'Eugenio 51 | www.lecaravelle.com*

GROTTE DI TOIRANO ★ ●
(131 F2) (*∅ F5*)

In ein paar der 70 Höhlen hat man Skelettreste vom sogenannten Höhlenbär sowie Spuren steinzeitlicher Behausungen gefunden. Einige dieser traumhaften Tropfsteinhöhlen, die sich im Innern der hellen Kalkberge oberhalb von Toirano befinden, kann man auf einem anderthalbstündigen Spaziergang durchwandern. Angesichts der bizarren Formationen sind der Phantasie keine Grenzen gesetzt: Mal wähnt man sich in einem versteinerten Blumengarten, mal in den kristallinen Eingeweiden irgendeines Riesenmonsters. Zu den in ganz Italien berühmten Tropfsteinhöhlen gelangt man bei Loano zwischen Albenga und Finale Ligure etwa 5–6 km landeinwärts. Die Eintrittskarte für die Grotten gilt auch für das reich bestückte Bauern- und Handwerksmuseum *Museo Etnografico (tgl. 10–13 und 15–18 Uhr | Via Giuseppe Polla)* im Ortskern von Toirano. *Tgl. 9.30–12.30 und 14–17 Uhr | 10 Euro, 5–14 Jahre 7 Euro | www.toiranogrotte.it*

VOLKSKUNDEMUSEUM IN CERVO
(131 F4) (*∅ F6*)

In den Räumen der Burg zeigt der passionierte Heimatforscher Roberto Ferrero, was er alles zusammengetragen hat an Werkzeugen, Einrichtungsgegenständen, Kinderspielzeug, Haushaltsgeräten, die das Handwerker- und Bauernleben vor noch gar nicht langer und doch schon so ferner Zeit illustrieren. Ferrero hat dazu lebensgroße Puppen (die ihm übrigens ähneln) gebaut, die die Tätigkeiten anschaulich vorführen. *Museo Etnografico del Ponente Ligure | Di–So 10–13 und 14–18 Uhr | 2 Euro, Kinder 1 Euro*

INSIDER TIPP WHALEWATCHING

Delphine und bis zu 24 m lange Wale kann man mit ein wenig Glück draußen vor der ligurischen Küste sichten. Die Veranstalter sprechen von 90 Prozent Wahrscheinlichkeit, dass Sie einen Grundwal, einen Pottwal oder einen Finnwal zu Gesicht bekommen – oder eine Gruppe Delphine. Natürlich stehen sie unter strengem Schutz. Von Juni bis Mitte September starten mehrmals wöchentlich (April/Mai und Oktober nur samstags) von den Häfen in *Imperia* (131 E5) (*∅ E7*), *Finale Ligure* (132 C6) (*∅ G4–5*), *Andora* (131 F4) (*∅ F6*) und *Genua* (134 B4) (*∅ L2–3*) Ausflugsschiffe. *Dauer 5 Std. | 33 Euro, 4–12 Jahre 20 Euro, bis 3 Jahre frei | www.whalewatchliguria.it, www.whalewatchimperia.it*

RIVIERA DI LEVANTE

INSIDER TIPP BERGWERK MINIERA DI GAMBATESA ● (135 E5) (*∅ N3*)

Ein spannender Ausflug 18 km oberhalb von Lavagna beim Dorf Graveglia: Auf Lorenzügen geht es hinein in den Berg durch das weitläufige Stollennetz dieser im 20. Jh. größten Manganmine Italiens. Mangan braucht man z. B. zur Verfeinerung von Stahl und zur Herstellung von Elektroden. Ein Teil des Bergwerks ist heute noch aktiv. *Mi–So Führungen (ca. 90 Min.) zwischen 11, 14 und 15.30 Uhr, auf Anfrage (Tel. 0185 33 88 76) auch auf Deutsch | 11 Euro, Kinder 3–12 Jahre 8 Euro | www.minieragambatesa.it*

PALÄONTOLOGISCHES MUSEUM IN LERICI (137 E5) (*∅ R5*)

In der restaurierten Burg von Lerici am Golf von La Spezia kann man im Museo Paleontologico uralte Fossilienabdrücke und neue Dinosaurierimitationen bestaunen. Nicht nur für Kinder besonders aufregend ist die INSIDER TIPP Erdbebensimulationsplatte, auf der man sich so richtig durchrütteln lässt. Da Teile des Kastells zzt. restauriert werden, empfiehlt sich vor dem Besuch ein Anruf *(Tel. 0187 96 91 14). März–Juni und Sept./Okt. Di–So 10.30–13 und 14.30–18, Juli/Aug. 10.30–12.30 und 18–23 Uhr | 5 Euro, 5–12 Jahre 3,50 Euro, sala sismica (Erdbebensimulation) 1,50 Euro | www.castellodilerici. it*

ACQUARIO ★ ● (U C3) (*c3*)

In dem berühmten Aquarium im Alten Hafen leben allein 6000 Tierarten aus Meer und Küstenbereich. „Stars" sind die Haie, die Lieblinge sind die Delphine und die Pinguine. Jährlich kommen 1,5 Mio. Besucher! Von den Einnahmen wird viel investiert in den Wissenschafts- und Tierschutzbereich, der als beispielhaft gilt, mit Forschungsprojekten und Umweltaktionen. Auch kommen ständig Attraktionen aus der Tierwelt hinzu, zuletzt ein artgerechtes Terrarium mit Schildkröten aus Madagaskar. *Mo–Fr 9–19.30, Sa/So 9–20.30, Juli/Aug. tgl. 8.30–22 Uhr | 19 Euro, 4–12 Jahre 13 Euro, auch Familientickets | Porto Antico, Ponte Spinola | www.acquariodigenova.it*

NATURKUNDEMUSEUM G. DORIA
(U F5) (*f5*)

Zwar ein altmodisches Sammlermuseum, doch mit ziemlich aufregenden Beispielen, was es an Lebewesen so alles gibt, z. B. den Beelzebubaffen, Vampire und fliegende Eichhörnchen. *Museo di Storia Naturale G. Doria | Di–Fr 9–19, Sa/So 10–19 Uhr | 4 Euro, Kinder 6–14 Jahre 2,80 Euro | www.museidigenova.it*

U-BOOT NAZARIO SAURO
(U B2) (*b2*)

Wie ein riesiger Wal aus Eisen sieht das 64 m lange *sommergibile* aus, Italiens größtes U-Boot. Vor dem Schifffahrtsmuseum Galata im Alten Hafen liegt es

Italiens größtes U-Boot und doch unglaublich eng: die Nazario Sauro

hier als Teil des Museums im Hafenbecken. 1980 gebaut, war es bis 2002 der Stolz der italienischen Marine. Unter dem Stichwort „Acquariovillage" werden darüber hinaus verschedene Sehenswürdigkeiten im Porto Antico als Sammelticket angeboten: das *Aquarium,* die runde, durchsichtige *Biosphäre* mit exotischer Vegetation, eben das *Schifffahrtsmuseum* mit dem U-Boot, der Aussichtsfahrstuhl *Bigo* und die *Città dei Bambini,* ein betreutes Spielzentrum: *39 Euro, 4–12 Jahre 27 Euro | www.acquariodigenova.it*

EVENTS, FESTE & MEHR

1. Jan.; 6. Jan.; Ostersonntag und -montag; 25. April (*Liberazione,* Tag der Befreiung vom Faschismus); **1. Mai; 2. Juni** (*Festa della Repubblica*); **15. Aug.; 1. Nov.; 8. Dez.** (*Immacolata Concezione*); **25. Dez.; 26. Dez.**

FESTE & EVENTS

ZWEITES FEBRUARWOCHENENDE
▶ *Sagra della Mimosa* in Pieve Ligure bei Genua: Zur knallgelben Mimosenblüte ziehen blumengeschmückte Festwagen durch den Ort.

MÄRZ
▶● *Sanremoinfiore* am letzten Sonntag: Durch Sanremo ziehen kunstvoll mit Millionen von Blumen geschmückte Festwagen, vorbei an Tausenden Zuschauern.

OSTERN
Viele eindrucksvolle Osterprozessionen, z. B. ▶ *Processione del Venerdì Santo,* die Karfreitagsprozession in Savona mit holzgeschnitzten Passionsdarstellungen, oder die ▶ *Karwoche* in Ceriana bei Sanremo mit barocken Skulpturen und Misereregesängen; Bordigheras Kirchen schmü-

cken kunstvolle Palmblattgebinde, ▶ *parmureli* genannt.

MAI
▶ *Sagra del Pesce* in Camogli am zweiten Sonntag, berühmtes Schlemmerfest um eine riesige Fischpfanne.
Mai ist der Segelmonat mit ▶ *Regatten* in Santa Margherita und Portofino.

JUNI
▶ *Andersen Festival* (www.andersenfestival.it) am ersten Juniwochenende: Märchenerzähler und Straßenkünstler bezaubern an den Stränden von Sestri Levante. Beim ▶ **INSIDER TIPP** ▶ *Suq* (www.suqgenova.it) Mitte Juni verwandelt sich Genuas Porto Antico zehn Tage lang in einen Basar der Völker.
▶ ★● *Battaglia di Fiori* (www.battagliadifiori.com): spektakulärer Blumenumzug mit Blumenschlacht Mitte Juni in Ventimiglia
▶ *Percfest:* In Laigueglia treffen sich in der letzten Juniwoche Jazzmusiker, Trommler, Schlagzeuger.

JUNI/JULI
Ende Juni/Anfang Juli tritt die Weltmusikszene beim ▶ *Festival Musicale del Mediterraneo* (www.echoart.org) in Genua

Ob Weltmusik oder Blumenkorso: kaum ein Fest ohne glitzernde Feuerwerke über dem nachtschwarzen Meer

auf, der Auftakt des reichen Sommerprogramms von Konzerten und Events in der Arena del Mare im Porto Antico.

JULI

▶ *Madonna di Monte Allegro* in Rapallo vom 1. bis 3. Juli: eine von vielen Marienfeiern mit Prozessionen, Schlemmermarkt, Feuerwerken und Tausenden von Lichtern auf dem nächtlichen Meer

▶ *Festa di San Erasmo:* In Lerici wird der Schutzheilige am ersten Juliwochenende mit einer nächtlichen Bootsprozession und Feuerwerk stimmungsvoll gefeiert.

▶ *Teatro dell'Opera Giocosa* in der ersten Julihälfte: Sommerprogramm mit Opern, Operetten, Serenaden in Savonas Burg

▶ `INSIDER TIPP` *Festa della Maddalena* in Taggia am dritten Wochenende: ein archaisches religiöses Fest mit mittelalterlichem Totentanz als Höhepunkt

JULI/AUGUST

▶ *Rassegna della Musica da Camera* (www.cervo.com/festival) in Cervo: ein

renommiertes Kammermusikfestival der Spitzenklasse

AUGUST

▶ ★ *Palio del Golfo* (www.paliodelgolfo. it) in La Spezia am ersten Wochenende: ein Wettkampf in Ruderbooten mit historischen Kostümumzügen, Konzerten, Schlemmerständen, Feuerwerk

Am ersten Augustsonntag schwimmen zur Bootsprozession ▶ *Stella Maris* in Camogli Tausende von Lichtern auf dem Meer.

SEPTEMBER

▶ *Regata dei Rioni:* Am zweiten Septemberwochenende treten die Stadtviertel von Noli in einem Ruderwettbewerb gegeneinander an, begleitet von Umzügen und Fahnenschwenkern in mittelalterlichen Kostümen.

▶ *Vele d'Epoca* (www.veledepoca.com) vor Imperia: spektakuläres Treffen historischer Segelschiffe und Schoner Mitte September in geraden Jahren

ICH WAR SCHON DA!

Drei User aus der MARCO POLO Community verraten ihre Lieblingsplätze und ihre schönsten Erlebnisse

HÖHENWANDERWEG

Östlich der Cinque Terre liegt der malerische Küstenort Portovenere. Absolut sehenswert ist das Zentrum mit seinen farbenfrohen Fassaden und engen Gassen, die zum Bummeln einladen. Portovenere ist ein idealer Ausgangspunkt, um die Cinque Terre zu erkunden. Neben dem 40 km langen Höhenwanderweg bietet sich aufgrund der zahlreichen Schiffsverbindungen auch eine Fahrt mit dem Boot zu den Küstenorten der Cinque Terre an. Der Höhenwanderweg führt von Levanto über Madonna di Soviore bis nach Portovenere. Für diese Tour sollte man unbedingt mindestens zwei Tage einplanen. *kbredl aus Cham*

VERNAZZA

Wir erreichten Vernazza auf einem der schönsten Wanderwege Europas, nämlich von Monterosso aus entlang der Küste. Der achteckige Glockenturm der Pfarrkirche Santa Margherita di Antiochia, der Hafen sowie das alte Schloss, dessen Turm heute als Aussichtsturm dient, machen einen Spaziergang lohnenswert. *jadegruen aus Loiching*

GELATERIA BIAGI

In dem hübschen Städtchen Sarzana entdeckten wir diese Eisdiele, die etwas außerhalb der Fußgängerzone in der Via Muccini liegt. Ein Abstecher lohnt sich jedoch: Neben einer netten Auswahl an leckeren Eissorten bietet diese Traditions-*gelateria* auch tolle Eistorten und Sorbets an. *Sonnenanbeterin aus Merzig*

Haben auch Sie etwas Besonderes erlebt oder einen Lieblingsplatz gefunden, den nicht jeder kennt? Gehen Sie einfach auf www.marcopolo.de/mein-tipp

LINKS, BLOGS, APPS & MORE

LINKS

▶ www.blumenriviera.de Die Website einer deutschen Vermittlungsagentur von Ferienwohnungen in Ligurien, dazu viele Infos zu Sport, Essen, Kultur

▶ www.marcopolo.de/ligurien Interaktive Karten inklusive Planungsfunktion, Impressionen aus der Community, aktuelle News und Angebote …

▶ www.insidertipps-italien.com Internetportal zu Genua und Ligurien von einem in Genua lebenden österreichisch-italienischen Paar mit einer Fülle an praktischen Tipps für die Planung einer Ligurienreise, aber auch für den Alltag in Genua, Parkprobleme, Sprachkurse, Jobsuche und vieles mehr. Das Portal leitet auch weiter auf ein Forum mit lebhafter Community für Ligurienfreunde: *www.forum.insidertipps-italien.com*

APPS

▶ 5 terre Zug- und Bootsverbindungen (auch ohne Internetverbindung), Wanderwege mit Landkarte und GPS-Ortung, Restaurants und Unterkünfte mit Beschreibung, Fotos und Telefonnummern und weitere Funktionen

▶ Genua Taxi Falls Sie sich mal im Gewirr von Genuas Altstadtgassen verlaufen, finden Sie mit dieser App umgehend den nächsten Taxistand

BLOGS & FOREN

▶ buongiornomonterosso.blogspot.com Dieser Blog ist von der Gemeinde Monterosso im Anschluss an die schlimmen Überschwemmungen in den Cinque Terre im Oktober 2011 eröffnet worden und erzählt von all den Projekten zur Wiederherstellung der zerstörten Lokale, Häuser, Spielplätze, Weinterrassen usw. und darüber, wie man helfen und mitmachen kann und was sonst noch in Monterosso passiert. Das Äquivalent für Vernazza ist *vernazzafutura. blogspot.com*

▶ bellavitaitalia.blogspot.com Megan aus Kalifornien lebt heute in Lerici und erzählt auf Englisch auf ihrem Blog von ihren Erfahrungen in Ligurien, von

Egal, ob Sie sich auf Ihre Reise vorbereiten oder vor Ort sind: Mit diesen Adressen finden Sie noch mehr Informationen, Videos und Netzwerke, die Ihren Urlaub bereichern. Da manche Adressen extrem lang sind, führt Sie der kürzere mp.marcopolo.de-Code direkt auf die beschriebenen Websites

BLOGS & FOREN

Restaurants, die ihr gefallen, oder von Ausflügen, die sie auf Wunsch organisiert

▶ www.beautiful-liguria.org/blog Auch an diesem Blog sind zwei amerikanische Ligurienliebhaberinnen beteiligt. Sie erzählen mit Fotos und in Posts von interessanten, schönen Entdeckungen in Ligurien, u. a. von Wanderwegen und Kul narischem

VIDEOS & STREAMS

▶ www.rivieradeifiorivirtuale.com Eine Reihe Videos zu Sehenswürdigkeiten, Ortschaften, Stränden und Landschaften an der Ponente können Sie auf diesem Portal anschauen

▶ webcam.provincia.savona.it An verschiedenen Stränden der Provinz Savona sind Webcams postiert, deren Ansichten Sie hier verfolgen können

▶ www.cinqueterre.it Über den Reiter „Tour Virtuale" finden Sie sieben Videos, die aus verschiedenen Blickwinkeln die spektakuläre Küstenlandschaft der fünf berühmten Dörfer zeigen – eine zauberhafte Reise mit den Augen

▶ mp.marcopolo.de/lig1 Der Fünf-Minuten-Clip „Italia ed Europa" des Comiczeichners und Trickfilmers Bruno Bozzetto zeigt in wenigen Strichen, dass die Italiener eben doch anders sind. Grandios!

NETWORK

▶ www.couchsurfing.org Auf dem größten Portal zu dieser Art, auf Reisen privat zu übernachten und Leute kennenzulernen, finden Sie auch Couchs in Genua

▶ www.mafianeindanke.de In Deutschland lebende Italienerinnen und Italiener haben nach den Mafiamorden in Duisburg 2007 diesen Verein gegründet, um gegen sich in Europa ausbreitende mafiöse Strukturen zu kämpfen. Leider bleibt auch Ligurien nicht verschont, wie der Fall der Gemeindeverwaltung von Ventimiglia zeigt, gegen die wegen Mafiaverdacht ermittelt wird

▶ www.facebook.com/mentelocale.it Die Community des Online-Stadtmagazins zu Genua (und Ligurien) tauscht sich hier aus über aktuelle Kulturevents, Trends, Festivals, neue Restaurants, Kneipen, Bars, Eiscafés, über Ausgehspots, Strände und vieles mehr – allerdings nur auf Italienisch

PRAKTISCHE HINWEISE

ANREISE

🚗 Der Weg nach Ligurien führt durch die Schweiz über die Gotthardautobahn nach Mailand und von dort weiter Richtung Genua (durchgängig Autobahn) oder durch Österreich über den Brenner nach Verona und von dort auf die Autobahn Brescia–Piacenza–Genua bzw. La Spezia. Insgesamt führen vier Autobahnen nach Ligurien: von Turin aus die A 6 nach Savona, über Alessandria (hier Ankunft der Autozüge) die A 26 nach Genua, von Mailand die A 7 ebenfalls nach Genua und im Osten die A 1/A 15 über Parma nach La Spezia.

Die Autobahnen in Italien sind ebenso wie die in Österreich und der Schweiz mautpflichtig. In Italien zahlt man an den Mautstellen bar oder mit Kreditkarte. Autozüge *(www.dbautozug.de)* fahren von Hamburg, Berlin, Düsseldorf und Neu-Isenburg bei Frankfurt nach Alessandria 80 km nördlich von Genua.

🚆 Mit dem Zug fahren Sie über die Schweiz auf der Gotthard-Mailand-Strecke und von Mailand weiter nach Genua oder München–Brenner–Verona und von dort über Brescia nach Genua. Eurocityzüge *(www.obb-italia.com/de/index.jsp)* fahren täglich von München über Innsbruck nach Verona bzw. Bologna. Von Genua aus verkehren Züge in westlicher und östlicher Richtung entlang der ligurischen Küste tagsüber nahezu im Stundentakt und machen die Bahn so zum idealen und preiswerten Fortbewegungsmittel im Küstenbereich der ligurischen Riviera. *www.trenitalia.com*

✈ Genuas Flughafen Cristoforo Colombo wird mehrmals täglich aus Deutschland angeflogen, meist mit Zwischenstopp in Frankfurt bzw. Mailand oder direkt aus München mit Lufthansa bzw. Airdolomiti. Oder man fliegt *low cost* nach Mailand, Pisa oder Nizza. Für 2013 plant Ryanair den Ausbau seiner Flugziele von Genua aus.

GRÜN & FAIR REISEN

Auf Reisen können auch Sie mit einfachen Mitteln viel bewirken. Behalten Sie nicht nur die CO_2-Bilanz für Hin- und Rückflug im Hinterkopf *(www.atmosfair.de)*, sondern achten und schützen Sie auch nachhaltig Natur und Kultur im Reiseland *(www.gate-tourismus.de; www.zukunft-reisen.de; www.ecotrans.de)*. Gerade als Tourist ist es wichtig, auf Aspekte zu achten wie Naturschutz *(www.nabu.de; www.wwf.de)*, regionale Produkte, Fahrradfahren (statt Autofahren), Wassersparen und vieles mehr. Wenn Sie mehr über ökologischen Tourismus erfahren wollen: europaweit *www.oete.de*; weltweit *www.germanwatch.org*

AUSKUNFT

FREMDENVERKEHRSBÜRO ENIT
– *Barckhausstr. 10 | 60325 Frankfurt | Tel. 069 23 74 34*
– *Mariahilfer Straße 1 b | 1060 Wien | Tel. 01 5 05 16 39*
– *Uraniastr. 32 | 8001 Zürich | Tel. 04 34 66 40 40*
– *www.enit.de*

Von Anreise bis Zoll

Urlaub von Anfang bis Ende: die wichtigsten Adressen und Informationen für Ihre Ligurienreise

AGENZIA REGIONALE PER LA PROMOZIONE TURISTICA „IN LIGURIA"

Via Roma 11/3 | 16123 Genova | Tel. 0 10 53 08 21 | www.turismoinliguria.it

AUSKUNFT IM INTERNET

Die offizielle Website zur Blumenriviera ist *www.visitrivieradeifiori.it;* einige der Broschüren zum Runterladen gibt es auch auf Deutsch. Infos zur Ponente finden Sie auch auf *turismo.provincia.savona.it. www.genova-turismo.it* ist die offizielle touristische Website zu Genua mit einigen guten PDF-Broschüren zu Genua und Umgebung auf Deutsch oder Englisch. Die offizielle touristische Website zur Provinz Genua mit dem Golfo di Tigullio von Portofino und Santa Margherita Ligure und deren Hinterland ist *turismo. provincia.genova.it,* die zum Golf von La Spezia, zu Lerici, Portovenere und den Cinque Terre ist *www.turismoprovincia. laspezia.it.* Speziell zur Cinque-Terre-Küste mit vielen nützlichen Informationen auch zu den Wanderwegen – auch auf Englisch – informiert *www.parconazionale5terre.it;* Unterkünfte finden Sie außerdem auch auf *www.cinqueterre.com. www.golfodeipoeti.com* bietet viele Infos zu Unterkünften, Restaurants, Ausflügen ins Hinterland vom Golf von La Spezia mit Lerici und Portovenere. Eine weitere Vermittlungsagentur und zugleich ein Onlinereiseführer zu Ligurien ist *www.liguriapocket.com. www.discoveritalia.com* beschreibt touristisch interessante Städte und Gebiete in Italien, *www.italien.com* informiert über Unterkünfte und Sehenswürdigkeiten und versammelt allgemein Tipps zu Ferien in Italien. Zwei gute Websites zum Wetter in Italien sind *www. ilmeteo.it* und *www.meteo.it.*

AUTO

Vorgeschrieben sind Führerschein und Fahrzeugschein, empfohlen wird die grüne Versicherungskarte. Auch tagsüber ist außerhalb von geschlossenen Ortschaften das Fahren mit Abblendlicht vorge-

WAS KOSTET WIE VIEL?

Kaffee	**um 1,50 Euro**
	in der Bar für eine Tasse Cappuccino im Stehen
Eis	**2 Euro**
	für eine Kugel
Wein	**3–5 Euro**
	für ein Glas am Tresen
Imbiss	**ab 2,50 Euro**
	für ein Stück focaccia
Benzin	**um 1,75 Euro**
	für 1 l Super
Strand	**ab 18 Euro**
	Miete für Schirm und Liege pro Tag

schrieben. Die Höchstgeschwindigkeit in geschlossenen Ortschaften beträgt 50, außerorts 90, auf Autobahnen 130 km/h. Die Promillegrenze liegt bei 0,5. Pflicht ist das Mitführen einer Warnweste für alle Wageninsassen. Vom 15. November bis 15. April muss man entweder Schneeketten mitführen oder mit Winterreifen fahren. Bei Schneefall wird das streng kontrolliert! Nur bei den Tankstellen an den Autobahnen gibt es einen 24-Stunden-Service. Viele Zapfsäulen an wichtigen Knotenpunkten sind außerhalb der Kernarbeitszeiten (Mittagspause: 12.30–15.30 Uhr) nur mit Tankautomaten zu bedienen.

Vor allem in den Innenstädten und in den Badeorten ist die Parkplatznot groß. Den Parkschein zieht man entweder aus Automaten oder kauft ihn in Zeitungskiosken und *tabacchi*-Läden (Rubbelschein). Mit dem Parkschein parkt man auf den Parkplätzen, die mit blauen Streifen markiert sind, die weißen sind Anwohnern vorbehalten. Grundsätzlich empfiehlt es sich, das Auto auf einem bewachten Parkplatz oder im Parkhaus abzustellen und die Innenstadt zu Fuß bzw. mit den öffentlichen Verkehrsmitteln zu erkunden.

Viele Ortszentren sind ganz für den Verkehr gesperrt. Auch kann es in den Innenstädten von Genua, La Spezia und Savona vorkommen, dass an Smog- und Sonntagen ein Fahrverbot für Fahrzeuge unterhalb der Euro-Schadstoffklasse 4 erlassen wird. Das *centro storico* von Genua ist als Z. T. L. *(zona traffico limitato)* ausgeschildert. In den Innenstadthotels bekommt man als Gast eine vorübergehende Einfahrtgenehmigung.

DIPLOMATISCHE VERTRETUNGEN

DEUTSCHES HONORARKONSULAT IN GENUA
Via Malta 2/1 | Tel. 01 05 76 53 42

ÖSTERREICHISCHES HONORARKONSULAT IN GENUA
Via Assarotti 5 | Tel. 01 08 39 39 83

SCHWEIZER HONORARKONSULAT IN GENUA
Lungobisagno Istria 29 | Tel. 01 08 38 05 11

GESUNDHEIT

Das Honorarkonsulat in Genua hat Adressenlisten von deutschsprachigen Ärzten. Fragen Sie bei Ihrer Krankenkasse nach

der Europäischen Versicherungskarte EHIC (meist automatisch auf der Rückseite Ihrer Versichertenkarte), die Sie in Italien im Krankenhaus bzw. dem örtlichen Gesundheitsamt ASL *(Azienda Sanitaria Locale)* vorlegen. Die Notfallambulanz *(Pronto Soccorso)* der Krankenhäuser hilft meist schnell, gut und unbürokratisch.

INTERNETCAFÉS & WLAN

Auch in Ligurien haben viele Hotels heute zumindest im Bar-, Rezeptions- und Loungebereich drahtlosen Internetzugang (ital.: *wifi*), teils gratis, teils mit einem Passwort, das man an der Rezeption kauft. An den norditalienischen Autobahnen haben eine Reihe von Raststätten WLAN *(www.linkem.com),* auch hier über ein an der Kasse erhältliches Passwort (6,50 Euro/Std.). Genuas Pläne für ein flächendeckendes Gratisnetz *(www.rete gratuita.it)* sind im Bereich des Alten Hafens schon verwirklicht. Auch Sestri Levantes Ortskern steht den Websurfern zur Verfügung. Schon heute ist der Gratiszugang vielerorts möglich (Suchportal: *www.hotspots-wifi.it*). Internetcafés finden Sie ebenfalls in ganz Ligurien (Surfstunde zwischen 3 und 6 Euro).

MIETWAGEN

In Genua finden Sie am Flughafen die großen Autovermietungen. Avis und Hertz haben auch Niederlassungen in der Innenstadt in der Nähe des Bahnhofs Brignole. Der Wochentarif für einen Kleinwagen beträgt meist um 360 Euro! In der Regel ist eine Buchung vor der Reise übers Internet bzw. Reisebüro günstiger.

NOTRUF

Allgemeiner Notruf *Tel. 112,* Polizei *Tel. 113,* Feuerwehr *(Vigili del Fuoco) Tel. 115,*

Notarzt, Rettungswagen *Tel. 118,* Pannenhilfe des ACI *(Automobile Club Italiano) Tel. 80 31 16*

ÖFFENTLICHE VERKEHRSMITTEL

BAHN

An Liguriens Küste ist das Bahnfahren reizvoll und preiswert. Den Fahrplan *(orario generale)* erhält man an Zeitungskiosken oder (auch auf Englisch) im Internet: *www.trenitalia.com.* Der gut funktionierende Onlineservice *www.viaggiatreno. it/viaggiatreno* informiert in Echtzeit über den Reiseverlauf der einzelnen Züge (Verspätungen, Streiks usw.). Die Fahrkarte muss vor Fahrtantritt an den Automaten auf dem Bahnhof entwertet werden! Die Züge zwischen Ventimiglia und Genua sowie zwischen Genua und La Spezia fahren ungefähr im Stundentakt. In der Cinque-Terre-Card ist die Zug- und Busbenutzung zwischen La Spezia und Levanto inbegriffen.

BUS

Eine Reihe von Busgesellschaften versorgen die Küste, vor allem aber das bergige Hinterland mit recht häufigen Fahrten, sodass in Ligurien ein Ferienaufenthalt ohne Auto sehr wohl machbar ist. Die Fahrpläne bekommt man in den Fremdenverkehrsämtern. Für den Großraum Genua gibt es ein gutes Busnetz; auf dem Wasserweg gelangt man mit dem Navebus vom Alten Hafen in den westlichen Vorort Pegli, außerdem durchzieht die Innenstadt eine U-Bahn-Linie, und Zahnradbahnen *(funicolari)* und Aufzüge *(ascensori)* verbinden mit den höher gelegenen Stadtteilen. Bei der Suche nach der besten Verbindung hilft der Tripmanager (auch auf Deutsch) der städtischen Verkehrsbetriebe: *www.amt.genova.it/ tripmanager.*

ÖFFNUNGSZEITEN

Lebensmittelgeschäfte sind in Ligurien werktags meist von 8.30 bis 13 und von 17 bis 19.30 Uhr geöffnet, alle anderen Läden, Supermärkte und Warenhäuser öffnen von 8.30 oder 9 bis 12.30 oder 13 und von 15.30 oder 16 bis 19.30 oder 20 Uhr. An einem Nachmittag in der Woche sind alle Geschäfte geschlossen. In den Badeorten bleiben die Geschäfte und Boutiquen in der Hochsaison oft bis spätabends offen. Kirchen sind meist täglich von 8 bis 18 Uhr geöffnet, aber über Mittag häufig geschlossen.

POST

Briefmarken gibt es auch in Tabakläden. Briefe und Postkarten in EU-Länder und die Schweiz brauchen mit der obligatorischen *posta prioritaria* Marken zu 75 Cent.

REISEZEIT & KLIMA

Im Hochsommer kann es sehr heiß und schwül sein, und in der Hauptferienzeit platzen die Küstenorte aus allen Nähten. Ideale Reisezeiten sind Frühjahr, Früh- und Spätsommer. Der Herbst kann recht regnerisch sein, mit Sturzbächen, Überschwemmungen und Erdrutschen. Die Lage der Riviera im Schutz des Apenninbogens begünstigt milde Winter, sodass man durchaus im Januar in leichter Jacke seinen Campari im Straßencafé trinken kann – 12 bis 15 Grad sind da keine Seltenheit. Das schließt Stürme und aufgewühltes Meer, das ganze Strandabschnitte wegspült, aber nicht aus. Dennoch schließen an der Küste eine ganze Reihe von Ferienhotels und Restaurants in den Wintermonaten, aber viele der in diesem Reiseführer empfohlenen Restaurants und Hotels sind auch ganzjährig geöffnet.

STRÄNDE

Fast jede Gemeinde hat inmitten der privaten Strandbäder einen Flecken freien Strand, der mit Dusche und Bademeister ausgestattet ist, genannt *spiaggia libera attrezzata* (SLA). Auch gibt es hier und dort Strandabschnitte, die man mit Hunden benutzen darf. Die Wasserqualität längs der Küste Liguriens – die Riviera di Ponente überwiegend mit Sandstränden, die Riviera di Levante eher steinig – ist sehr zufriedenstellend. Natürlich empfiehlt es sich nie, in Hafengewässern oder an Flussmündungen zu baden. Von den Blauen Flaggen der Europäischen Union für schöne und gepflegte Strände mit guter Wasserqualität hat Ligurien im Vergleich zu anderen Regionen Italiens 2011 mit 17 Auszeichnungen am besten abgeschnitten. *www.bandierablu.org*

TAXI

Fragen Sie in jedem Fall vor Beginn der Fahrt nach dem ungefähren Fahrpreis, um unliebsame Überraschungen zu vermeiden. Achten Sie darauf, dass der Taxifahrer den Taxameter einschaltet.

TELEFON & HANDY

Telefonieren können Sie in Zellen (mit Telefonkarten, perforierte Ecke vor Be-

WETTER IN GENUA

	Jan.	Feb.	März	April	Mai	Juni	Juli	Aug.	Sept.	Okt.	Nov.	Dez.
Tagestemperaturen in °C	10	12	14	18	21	25	27	28	25	20	15	12
Nachttemperaturen in °C	6	6	9	12	15	19	22	22	19	15	11	7
Sonnenschein Stunden/Tag	4	4	5	6	7	8	10	9	7	6	4	4
Niederschlag Tage/Monat	7	7	7	7	8	5	3	4	6	9	10	8
Wassertemperaturen in °C	13	12	13	14	16	20	23	23	21	19	16	14

nutzung abreißen!), auch wenn es immer weniger gibt. Telefonkarten bekommen Sie in Tabakläden. Innerhalb Italiens gibt es keine Vorwahlen, daher müssen Sie auch bei Anrufen aus dem Ausland immer die Null am Beginn der Nummer mitwählen. Vorwahlen: Italien *0039*, Deutschland *0049*, Österreich *0043*, Schweiz *0041*

Unter *www.teltarif.de/i/reise-itm.html* finden Sie alle Informationen, die es Ihnen ermöglichen, preiswert in Italien mit dem Handy zu telefonieren, ob über Prepaidkarten bei Ihrem Netzbetreiber noch vor Reiseantritt oder über italienische Prepaidkarten, bei denen Sie die Kosten eingehender Anrufe sparen und für die Sie eine neue Rufnummer bekommen.

TRINKGELD

In Hotels ist Trinkgeld nur üblich für Zimmermädchen. In Restaurants wird manchmal ein Zuschlag von zehn bis 15 Prozent erhoben, das muss aber auf der Karte als *servizio* ausgewiesen sein. Freundliche Kellner freuen sich über ein zusätzliches Trinkgeld (ca. fünf Prozent), wenn Sie zufrieden waren.

UNTERKUNFT

Seit 2012 wird in Genua (und bald in ganz Ligurien) eine Art Kurtaxe für jede Übernachtung erhoben: in einem Fünfsternehotel 3 Euro pro Person, im 4-Sterne-Hotel 2 Euro, für alle anderen Unterkünfte 1 Euro pro Nacht und Person. Platzmangel und enge, gewundene Straßen machen aus der Riviera nicht gerade ein Camperparadies. Dennoch gibt es weit über 100 Plätze, von denen einige auch ganzjährig geöffnet sind. Drei Websites zum Thema: *www.camping-in-italien. com*, *www.camping.it/germany/liguria*, *www.camping-italy.net/italy/liguria*

Infos zu Ferien auf dem Bauernhof im Landesinnern auf *de.agriturismo.com/ bauernhof/liguria* oder *www.agriturismo. it/de/bauernhof/ligurien*. In den Cinque Terre werden zahlreiche Privatzimmer vermietet. In Genua breiten sich B-&-B-Angebote aus: *www.bbitalia.it*, *www. bed-and-breakfast-italien.com*, *www.bb planet.de/urlaub/ligurien*

Mit Ferienwohnungen ist Ligurien sehr reichhaltig ausgestattet. Adressenlisten bekommt man in den Fremdenverkehrsämtern. Gute Sites im Internet sind z. B. *www.ligurien-ferienwohnung.de*, *www. fewo-direkt.de*, *www.fewo-ligurien.com*, *www.casamundo.de/ligurien.* Außerdem finden Sie Ferienwohnungen, *agriturismi* und B-&-B-Unterkünfte auf *www.italy holidayrent.com/ligurien.html* und auf *www.homelidays.de.* Ausgesucht schöne Objekte sind auf *www.sommerfrische.it* zusammengestellt, besonders schöne Hotels auf *www.siglinde-fischer.de.* Die Preise steigen im Juli/August steil an, außerdem muss man dann oft mindestens Halbpension buchen. Jugendherbergen *(www.aighostels.com)* gibt es in Chiavari, Savona, den Cinque Terre und Genua.

ZEITUNGEN

In den Küstenorten wird eine große Auswahl an deutschsprachigen Zeitungen und Zeitschriften angeboten. Eine deutschsprachige Monatszeitschrift mit Veranstaltungskalender ist die *Riviera-Côte-d'Azur-Zeitung (www.rczeitung.com)*.

ZOLL

In der EU dürfen Waren für den persönlichen Bedarf frei ein- und ausgeführt werden, u. a. 800 Zigaretten und 10 l Spirituosen. Für die Schweiz gelten wesentlich geringere Freimengen, u. a. 200 Zigaretten, 1 l Spirituosen und 2 l Wein.

SPRACHFÜHRER ITALIENISCH

AUSSPRACHE

c, cc	vor e oder i wie tsch in „deutsch", Bsp.: dieci, sonst wie k
ch, cch	wie k, Bsp.: pacchi, che
g, gg	vor e oder i wie dsch in „Dschungel", Bsp.: gente, sonst wie g
gl	ungefähr wie in „Familie", Bsp.: figlio
gn	wie in „Cognac", Bsp.: bagno
sc	vor e oder i wie deutsches sch, Bsp.: uscita
sch	wie sk in „Skala", Bsp.: Ischia
z	immer stimmhaft wie ds

Ein Akzent steht im Italienischen nur, wenn die letzte Silbe betont wird. In den übrigen Fällen haben wir die Betonung durch einen Punkt unter dem betonten Vokal angegeben.

AUF EINEN BLICK

ja/nein/vielleicht	sì/no/forse
bitte/danke	per favore/grazie
Entschuldige!/Entschuldigen Sie!	Scusa!/Scusi!
Wie bitte?	Come dice?/Prego?
Gute(n) Morgen!/Tag!/Abend!/Nacht!	Buon giorno!/Buon giorno!/
	Buona sera!/Buona notte!
Hallo!/Tschüss!/Auf Wiedersehen!	Ciao!/Ciao!/Arrivederci!
Ich heiße ...	Mi chiamo ...
Wie heißen Sie?/Wie heißt Du?	Come si chiama?/Come ti chiami?
Ich möchte .../Haben Sie ...?	Vorrei .../Avete ...?
Wie viel kostet ...?	Quanto costa ...?
Das gefällt mir (nicht).	(Non) mi piace.
gut/schlecht	buono/cattivo
kaputt/funktioniert nicht	guasto/non funziona
zu viel/viel/wenig/alles/nichts	troppo/molto/poco/tutto/niente
Hilfe!/Achtung!/Vorsicht!	aiuto!/attenzione!/prudenza!
Krankenwagen/Polizei/Feuerwehr	ambulanza/polizia/vigili del fuoco
Verbot/verboten/Gefahr/gefährlich	divieto/vietato/pericolo/pericoloso

DATUMS- & ZEITANGABEN

Montag/Dienstag	lunedì/martedì
Mittwoch/Donnerstag	mercoledì/giovedì
Freitag/Samstag	venerdì/sabato

Parli italiano?

„Sprichst du Italienisch?" Dieser Sprachführer hilft Ihnen, die wichtigsten Wörter und Sätze auf Italienisch zu sagen

Sonntag/Werktag/Feiertag	domenica/(giorno) feriale/festivo
heute/morgen/gestern	oggi/domani/ieri
Stunde/Minute/Tag/Nacht	ora/minuto/giorno/notte
Woche/Monat/Jahr	settimana/mese/anno
Wie viel Uhr ist es?	Che ora è? Che ore sono?
Es ist drei Uhr./Es ist halb vier.	Sono le tre./Sono le tre e mezza.
Viertel vor vier/Viertel nach vier	le quattro meno un quarto/le quattro e un quarto

UNTERWEGS

offen/geschlossen	aperto/chiuso
Eingang/Einfahrt/Ausgang/Ausfahrt	entrata/entrata/uscita/uscita
Abfahrt/Abflug/Ankunft	partenza/partenza/arrivo
Toiletten/Damen/Herren	bagno/signore/signori
(kein) Trinkwasser	acqua (non) potabile
Wo ist ...?/Wo sind ...?	Dov'è ...?/Dove sono ...?
links/rechts/geradeaus/zurück	sinistra/destra/dritto/indietro
nah/weit	vicino/lontano
Bus/Straßenbahn/U-Bahn/Taxi	bus/tram/metropolitana/taxi
Haltestelle/Taxistand	fermata/posteggio taxi
Parkplatz/Parkhaus	parcheggio/parcheggio coperto
Stadtplan/(Land-)Karte	pianta/mappa
Bahnhof/Hafen/Flughafen	stazione/porto/aeroporto
Fahrplan/Fahrschein/Zuschlag	orario/biglietto/supplemento
einfach/hin und zurück	solo andata/andata e ritorno
Zug/Gleis/Bahnsteig	treno/binario/banchina
Ich möchte ... mieten.	Vorrei noleggiare ...
ein Auto/ein Fahrrad/ein Boot	una macchina/una bicicletta/una barca
Tankstelle/Benzin/Diesel	distributore/benzina/gasolio
Panne/Werkstatt	guasto/officina

ESSEN & TRINKEN

Reservieren Sie uns bitte für heute Abend einen Tisch für vier Personen.	Vorrei prenotare per stasera un tavolo per quattro persone.
auf der Terrasse/am Fenster	sulla terrazza/vicino alla finestra
Die Speisekarte, bitte.	Il menù, per favore.
Flasche/Karaffe/Glas	bottiglia/caraffa/bicchiere
Messer/Gabel/Löffel	coltello/forchetta/cucchiaio
Salz/Pfeffer/Zucker	sale/pepe/zucchero
Essig/Öl/Milch/Sahne/Zitrone	aceto/olio/latte/panna/limone

kalt/versalzen/nicht gar	freddo/troppo salato/non cotto
mit/ohne Eis/Kohlensäure	con/senza ghiaccio/gas
Vegetarier(in)/Allergie	vegetariano/vegetariana/allergia
Ich möchte zahlen, bitte.	Vorrei pagare, per favore
Rechnung/Quittung/Trinkgeld	conto/ricevuta/ mancia

EINKAUFEN

Wo finde ich ...?	Dove posso trovare ...?
Ich möchte .../Ich suche ...	Vorrei .../Cerco ...
Brennen Sie Fotos auf CD?	Vorrei masterizzare delle foto su CD?
Apotheke	farmacia
Bäckerei/Markt	forno/mercato
Einkaufszentrum/Kaufhaus	centro commerciale/grande magazzino
Lebensmittelgeschäft	negozio alimentare
Supermarkt	supermercato
Fotoartikel/Zeitungsladen	articoli per foto/giornalaio
Kiosk	edicola
100 Gramm/1 Kilo	un etto/un chilo
teuer/billig/Preis	caro/economico/prezzo
mehr/weniger	di più/di meno
aus biologischem Anbau	di agricoltura biologica

ÜBERNACHTEN

Haben Sie noch ...?	Avete ancora ...?
Einzelzimmer/Doppelzimmer	una (camera) singola/una doppia
Frühstück/Halbpension/Vollpension	colazione/mezza pensione/ pensione completa
Dusche/Bad/Balkon/Terrasse	doccia/bagno/balcone/terrazza
Schlüssel/Zimmerkarte	chiave/scheda magnetica
Gepäck/Koffer/Tasche	bagaglio/valigia/borsa

BANKEN & GELD

Bank/Geldautomat/Geheimzahl	banca/bancomat/codice segreto
bar/Kreditkarte	in contanti/carta di credito
Banknote/Münze/Wechselgeld	banconota/moneta/il resto

GESUNDHEIT

Arzt/Zahnarzt/Kinderarzt	medico/dentista/pediatra
Krankenhaus/Notfallpraxis	ospedale/pronto soccorso
Fieber/Schmerzen	febbre/dolori
Durchfall/Übelkeit/Sonnenbrand	diarrea/nausea/scottatura solare
entzündet/verletzt	infiammato/ferito

Pflaster/Verband/Salbe/Creme	cerotto/fasciatura/pomata/crema
Schmerzmittel/Tablette/Zäpfchen	antidolorifico/compressa/supposta

TELEKOMMUNIKATION & MEDIEN

Briefmarke/Brief/Postkarte	francobollo/lettera/cartolina
Ich brauche eine Telefonkarte fürs Festnetz.	Mi serve una scheda telefonica per la rete fissa.
Ich suche eine Prepaidkarte für mein Handy.	Cerco una scheda prepagata per il mio cellulare.
Wo finde ich einen Internetzugang?	Dove trovo un accesso internet?
Brauche ich eine spezielle Vorwahl?	Ci vuole un prefisso particolare?
wählen/Verbindung/besetzt	comporre/linea/occupato
Steckdose/Adapter/Ladegerät	presa/riduttore/caricabatterie
Computer/Batterie/Akku	computer/batteria/accumulatore
At-Zeichen („Klammeraffe")	chiocciola
Internetadresse/E-Mail-Adresse	indirizzo internet/indirizzo email
Internetanschluss/WLAN	collegamento internet/wi-fi
E-Mail/Datei/ausdrucken	email/file/stampare

FREIZEIT, SPORT & STRAND

Strand/Strandbad	spiaggia/stabilimento balneare
Sonnenschirm/Liegestuhl	ombrellone/sdraio

ZAHLEN

0	zero	19	diciannove
1	uno	20	venti
2	due	21	ventuno
3	tre	22	ventidue
4	quattro	30	trenta
5	cinque	40	quaranta
6	sei	50	cinquanta
7	sette	60	sessanta
8	otto	70	settanta
9	nove	80	ottanta
10	dieci	90	novanta
11	undici	100	cento
12	dodici	101	centouno
13	tredici	200	duecento
14	quattordici	1000	mille
15	quindici	2000	duemila
16	sedici	½	un mezzo
17	diciassette	⅓	un terzo
18	diciotto	¼	un quarto

REISEATLAS

Die grüne Linie ▬▬ zeichnet den Verlauf der Ausflüge & Touren nach
Die blaue Linie ▬▬ zeichnet den Verlauf der Perfekten Route nach

Der Gesamtverlauf aller Touren ist auch in
der herausnehmbaren Faltkarte eingetragen

Bild: Alassio

133

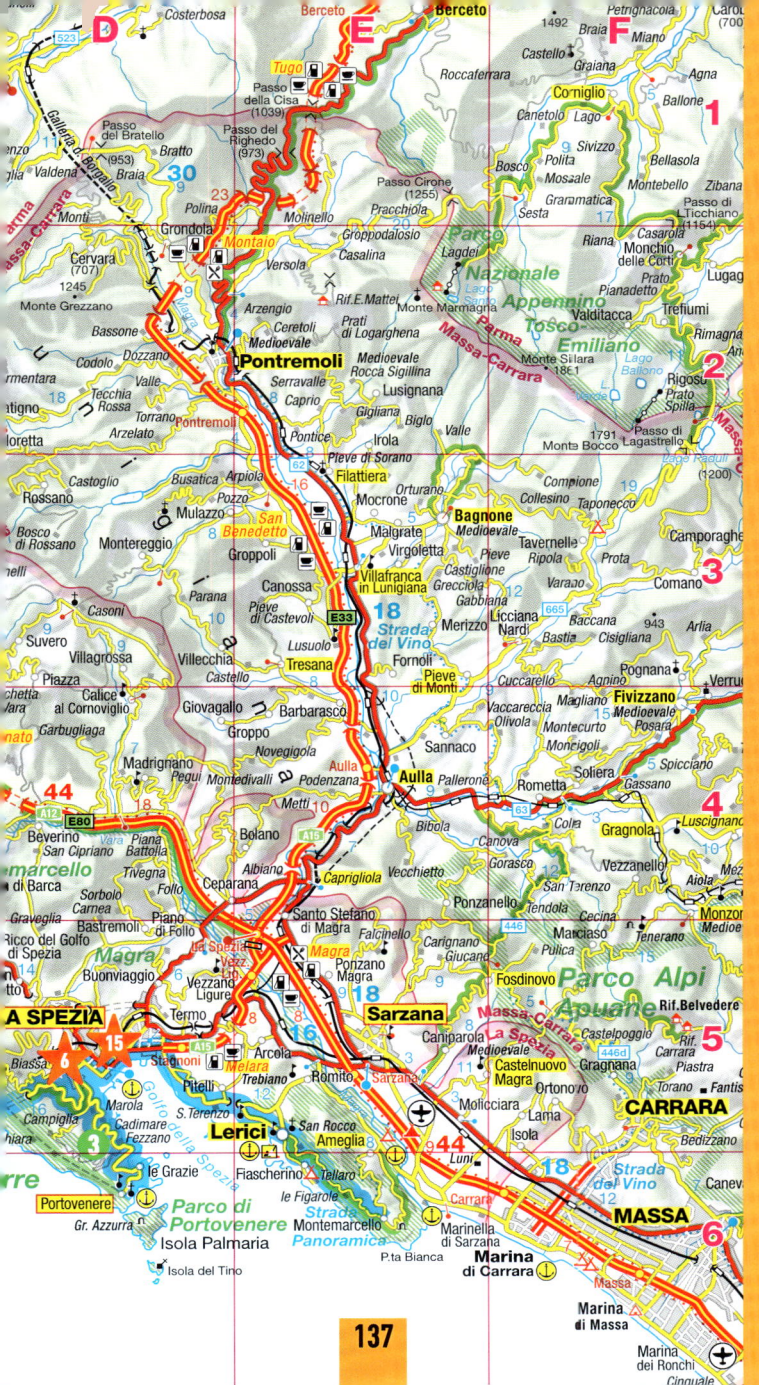

Portovenere,
La Spezia

KARTENLEGENDE

Deutsch	Symbol	English
Autobahn mit Anschlussstelle und Anschlussnummern	Viernheim 45 49 30 24 12	Motorway with junction and junction number
Autobahn in Bau mit voraussichtlichem Fertigstellungsdatum	Datum · Date	Motorway under construction with expected date of opening
Rasthaus mit Übernachtung · Raststätte	Kassel	Hotel, motel · Restaurant
Kiosk · Tankstelle		Snackbar · Filling-station
Autohof · Parkplatz mit WC	P	Truckstop · Parking place with WC
Autobahn-Gebührenstelle		Toll station
Autobahnähnliche Schnellstraße		Dual carriageway with motorway characteristics
Fernverkehrsstraße		Trunk road
Verbindungsstraße		Main road
Nebenstraßen		Secondary roads
Fahrweg · Fußweg		Carriageway · Footpath
Gebührenpflichtige Straße		Toll road
Straße für Kraftfahrzeuge gesperrt	X X X X X	Road closed for motor vehicles
Straße für Wohnanhänger gesperrt		Road closed for caravans
Straße für Wohnanhänger nicht empfehlenswert		Road not recommended for caravans
Autofähre · Autozug-Terminal		Car ferry · Autorail station
Hauptbahn · Bahnhof · Tunnel		Main line railway · Station · Tunnel
Besonders sehenswertes kulturelles Objekt	Neuschwanstein	Cultural site of particular interest
Besonders sehenswertes landschaftliches Objekt	Breitachklamm	Landscape of particular interest
Ausflüge & Touren		Trips & Tours
Perfekte Route		Perfect route
MARCO POLO Highlight	★	MARCO POLO Highlight
Landschaftlich schöne Strecke		Route with beautiful scenery
Touristenstraße	Hanse-Route	Tourist route
Museumseisenbahn		Tourist train
Kirche, Kapelle · Kirchenruine Kloster · Klosterruine		Church, chapel · Church ruin Monastery · Monastery ruin
Schloss, Burg · Burgruine Turm · Funk-, Fernsehturm		Palace, castle · Castle ruin Tower · Radio or TV tower
Leuchtturm · Windmühle Denkmal · Soldatenfriedhof		Lighthouse · Windmill Monument · Military cemetery
Ruine, frühgeschichtliche Stätte · Höhle Hotel, Gasthaus, Berghütte · Heilbad		Archaeological excavation, ruins · Cave Hotel, inn, refuge · Spa
Campingplatz · Jugendherberge Schwimmbad, Erlebnisbad, Strandbad · Golfplatz		Camping site · Youth hostel Swimming pool, leisure pool, beach · Golf-course
Botanischer Garten, sehenswerter Park · Zoologischer Garten		Botanical gardens, interesting park · Zoological garden
Bedeutendes Bauwerk · Bedeutendes Areal		Important building · Important area
Verkehrsflughafen · Regionalflughafen		Airport · Regional airport
Flugplatz · Segelflugplatz		Airfield · Gliding site
Boots- und Jachthafen		Marina

FÜR DIE NÄCHSTE REISE …

ALLE **MARCO POLO** REISEFÜHRER

DEUTSCHLAND

Allgäu
Bayerischer Wald
Berlin
Bodensee
Chiemgau/
  Berchtesgadener
  Land
Dresden/
  Sächsische
  Schweiz
Düsseldorf
Eifel
Erzgebirge/
  Vogtland
Föhr/Amrum
Franken
Frankfurt
Hamburg
Harz
Heidelberg
Köln
Lausitz/
  Spreewald/
  Zittauer Gebirge
Leipzig
Lüneburger Heide/
  Wendland
Mecklenburgische
  Seenplatte
Mosel
München
Nordseeküste
  Schleswig-
  Holstein
Oberbayern
Ostfriesische Inseln
Ostfriesland/
  Nordseeküste
  Niedersachsen/
  Helgoland
Ostseeküste
  Mecklenburg-
  Vorpommern
Ostseeküste
  Schleswig-
  Holstein
Pfalz
Potsdam
Rheingau/
  Wiesbaden
Rügen/Hiddensee/
  Stralsund
Ruhrgebiet
Sauerland
Schwarzwald
Stuttgart
Sylt
Thüringen
Usedom
Weimar

ÖSTERREICH SCHWEIZ

Berner Oberland/
  Bern
Kärnten
Österreich
Salzburger Land
Schweiz

Steiermark
Tessin
Tirol
Wien
Zürich

FRANKREICH

Bretagne
Burgund
Côte d'Azur/
  Monaco
Elsass
Frankreich
Französische
  Atlantikküste
Korsika
Languedoc-
  Roussillon
Loire-Tal
Nizza/Antibes/
  Cannes/Monaco
Normandie
Paris
Provence

ITALIEN MALTA

Apulien
Dolomiten
Elba/Toskanischer
  Archipel
Emilia-Romagna
Florenz
Gardasee
Golf von Neapel
Ischia
Italien
Italienische Adria
Italien Nord
Italien Süd
Kalabrien
Ligurien/Cinque
  Terre
Mailand/
  Lombardei
Malta/Gozo
Oberital. Seen
Piemont/Turin
Rom
Sardinien
Sizilien/Liparische
  Inseln
Südtirol
Toskana
Umbrien
Venedig
Venetien/Friaul

SPANIEN PORTUGAL

Algarve
Andalusien
Barcelona
Baskenland/
  Bilbao
Costa Blanca
Costa Brava
Costa del Sol/
  Granada

Fuerteventura
Gran Canaria
Ibiza/Formentera
Jakobsweg/
  Spanien
La Gomera/
  El Hierro
Lanzarote
La Palma
Lissabon
Madeira
Madrid
Mallorca
Menorca
Portugal
Spanien
Teneriffa

NORDEUROPA

Bornholm
Dänemark
Finnland
Island
Kopenhagen
Norwegen
Oslo
Schweden
Stockholm
Südschweden

WESTEUROPA BENELUX

Amsterdam
Brüssel
Cornwall und
  Südengland
Dublin
Edinburgh
England
Flandern
Irland
Kanalinseln
London
Luxemburg
Niederlande
Niederländische
  Küste
Schottland

OSTEUROPA

Baltikum
Budapest
Danzig
Krakau
Masurische Seen
Moskau
Plattensee
Polen
Polnische
  Ostseeküste/
  Danzig
Prag
Slowakei
St. Petersburg
Tallinn
Tschechien
Ukraine
Ungarn
Warschau

SÜDOSTEUROPA

Bulgarien
Bulgarische
  Schwarzmeer-
  küste
Kroatische Küste/
  Dalmatien
Kroatische Küste/
  Istrien/Kvarner
Montenegro
Rumänien
Slowenien

GRIECHENLAND TÜRKEI ZYPERN

Athen
Chalkidiki/
  Thessaloniki
Griechenland
  Festland
Griechische Inseln/
  Ägäis
Istanbul
Korfu
Kos
Kreta
Peloponnes
Rhodos
Samos
Santorin
Türkei
Türkische Südküste
Türkische Westküste
Zákinthos/Itháki/
  Kefaloniá/Léfkas
Zypern

NORDAMERIKA

Alaska
Chicago und
  die Großen Seen
Florida
Hawaiʻi
Kalifornien
Kanada
Kanada Ost
Kanada West
Las Vegas
Los Angeles
New York
San Francisco
USA
USA Ost
USA Südstaaten/
  New Orleans
USA Südwest
USA West
Washington D.C.

MITTEL- UND SÜDAMERIKA

Argentinien
Brasilien
Chile
Costa Rica
Dominikanische
  Republik

Jamaika
Karibik/
  Große Antillen
Karibik/
  Kleine Antillen
Kuba
Mexiko
Peru/Bolivien
Venezuela
Yucatán

AFRIKA UND VORDERER ORIENT

Ägypten
Djerba/
  Südtunesien
Dubai
Israel
Jordanien
Kapstadt/
  Wine Lands/
  Garden Route
Kapverdische
  Inseln
Kenia
Marokko
Namibia
Rotes Meer/Sinai
Südafrika
Tansania/
  Sansibar
Tunesien
Vereinigte
  Arabische
  Emirate

ASIEN

Bali/Lombok/Gilis
Bangkok
China
Hongkong/Macau
Indien
Indien/Der Süden
Japan
Kambodscha
Ko Samui/
  Ko Phangan
Krabi/Ko Phi Phi/
  Ko Lanta
Malaysia
Nepal
Peking
Philippinen
Phuket
Shanghai
Singapur
Sri Lanka
Thailand
Tokio
Vietnam

INDISCHER OZEAN UND PAZIFIK

Australien
Malediven
Mauritius
Neuseeland
Seychellen

REGISTER

Im Register sind alle in diesem Reiseführer erwähnten Orte und Ausflugsziele verzeichnet. Gefettete Seitenzahlen verweisen auf den Haupteintrag

Abbazia Borzone 101
Acquasanta 95
Airole 30
Alassio 12, 27, 29, 30, **32**, 128
Albenga 20, 25, 27, 30, 34, **36**, 105, 106
Albisola 28, 31, **51**
Albissola Marina 51
Altare 28
Alta Via dei Monti Liguri **23**, 107
Altopiano delle Manie 42
Ameglia 69
Andora 36, 46, 110
Apricale 19, 29, 30, 98, **101**
Arcagna 53
Arcola 68
Arenzano **51**, 106
Argentinatal 49, **98**, 105, 107
Arma di Taggia 98
Arnasco 38
Arrosciatal 38
Badalucco 25, 29, 99
Baia dei Saraceni 36
Baia delle Favole 54, **63**
Baia del Silenzio 54, 62, **63**, 64
Baia del Sole 32, 38
Bajardo 101
Balestrino 20
Balzi Rossi 22, **53**, 106
Bardellone 85
Basilica San Salvatore dei Fieschi **61**, 101
Bastia Albenga 37
Bergeggi 43, 106
Boccadasse 93, **97**
Bonassola 82, **85**
Bordighera 12, 18, 19, 22, 30, 32, **38**, 101, 112
Borghetto Santo Spirito 36
Borgio Verezzi 19, 36, **42**
Borzone 101
Boschetto 56
Bramapane 103
Brugnato 20
Bussana Vecchia 14, 30
Cadamare 65, 67
Camogli 21, 31, 54, **55**, 58, 75, 112, 113
Campiglia 70, 103
Campo Ligure 20
Camporosso 101
Capo Santa Croce 32, **33**
Capo Sant'Ampelio 39
Carpasio 99
Casanova Lerrone 37
Casarza Ligure 64
Castelnuovo di Magra 17
Castelvecchio di Rocca Barbena 30, **38**
Castel Vittorio 101
Cavi 62
Celle Ligure 31, **52**
Ceriale 36, 109
Ceriana 112
Cervo 19, **45**, 110, 113
Chiavari 29, **59**, 101, 123
Cicagna 64, 102
Cimitero di Staglieno 97
Cinque Terre 14, 26, 27, 31, 56, 57, 65, 70, **76**, 95, 102, 104, 105, 106, 107, 114, 116, 117, 119, 123, 144
Cogoleto 20, 51
Cogorno 61
Colla di Langan 100
Colletta di Castelbianco 14, 17, 19, 38
Comeneco 85

Conscenti 61
Corniglia **78**, 80, 82, 85
Cornigliano 15
Diano Marina 18, **46**
Dolceacqua 27, 30, **53**, 101
Dolcedo 29, 30, 45, 106
Fegina 79
Fiascherino 68
Finalborgo 19, **40**, 106
Finale Ligure 29, 30, **40**, 104, 105, 106, 108, 110, 123
Finale Marina 40
Finalpia 40
Fiumaretta 69
Fontanabuonatal 28, **64**, 102
Gambatesa 62, **110**
Garlenda 37, 106
Genua 11, 12, 13, 14, 15, 16, 20, 21, 23, 26, 27, 28, 29, 31, 54, 57, **86**, 108, 110, 111, 112, 116, 117, 118, 119, 120, 121, 122, 123
Giardini Botanici Hanbury 19, 30, **53**
Golfo dei Poeti 54
Golfo del Tigullio 63, 74, 119
Golfo Paradiso 54, 55
Graveglialtal 61
Groppo 80, 81
Grotte di Borgio 42
Grotte di Toirano 22, 30, **110**
Guvano 82
Imperia 29, 30, **44**, 107, 110, 113
Isolabona 101
Isolotto di Bergeggi 43, 106
Laigueglia 19, 20, 32, 36, **38**, 112
La Mortola 53
La Spezia 26, 31, 62, **65**, 83, 113, 120
Lavagna 25, **62**, 101
Le Grazie 65, 71
Lerici 29, 31, 54, 65, **67**, 110, 113, 116, 119
Levanto 31, 80, 82, 83, **85**, 102, 107
Loano 30, **42**, 107, 110
Loreto 17
Lucinasco 29, 44
Lumarzo 59
Luni 69
Madonna della Guardia 97
Madonna delle Grazie 62
Madonna di Montallegro **75**, 102
Madonna di Soviore **78**, 103
Malpasso 36
Manarola 76, 78, **79**, 80, 81, 83, 84, 85, 102
Manie 42
Marmoreo 38
Millesimo 20
Miniera di Gambatesa 62, **110**
Molini di Triora 26, 99, 100
Moneglia 19, **62**, 63, 101
Monleone di Cicagna 64
Montalto Ligure 99
Monte Antola 59
Monte Bego 22
Monte Beigua 107
Monte Bignone 47
Monte Castello 103
Monte di Santa Croce 58
Monte Figogna 97
Montemarcello 19, 31, 68
Monte Penna 101
Montepertuso 103
Monte Portofino 56, 57, **74**
Monterosso 14, 20, 26, 78, **79**, 80, 81, 82, 83, 84, 85, 102, 116

Mortola 58
Muzzerone 70, 103, 105
Naturpark Montemarcello-Magra 68
Ne 61
Nervi 31, 54, **97**
Nerviatal 30, 100
Nevatal 38
Noli 16, 19, 30, **43**, 113
Oneglia 29, **44**
Oxentina 99
Palmaria 65, **70**
Paraggi 71, 72
Parco delle Mura 97
Passeggiata Anita Garibaldi 55
Passo della Scoffera 59
Pennavairatal 30, 38, 105
Pietra Ligure 42
Pieve di Teco 38
Pieve Ligure **58**, 112
Pigna 25, 30, **100**
Poncital 42
Pontremoli 69
Portofino 13, 21, 28, 31, 54, 56, 57, 62, **73**, 75, 91, 106, 112, 119
Porto Lotti 65
Porto Maurizio 44
Porto Mirabello 65
Portovenere 31, 57, 65, **70**, 81, 102, 103, 105, 114, 119
Pra 24
Principato di Seborga 40
Punta Chiappa 56, **58**
Punta di Portofino 74
Punta Manara 63
Punta Mesco 83, 102
Rapallo 28, 29, **74**, 75, 102, 106, 113
Realdo 100
Recco 59
Rezzoaglio 101
Rialto 41
Righi 97
Riomaggiore **79**, 80, 81, 82, 83, 85, 102
Riviera dei Fiori 18, **32**, 46, 119
Riviera delle Palme 32
Rojatal 30
Ruta 56
San Bartolomeo al Mare 46
San Fruttuoso 56, 74, **75**
San Lorenzo 63
San Lorenzo al Mare 48, 104
San Lorenzo della Costa 73
San Massimo 75
Sanremo 12, 18, 19, 29, 30, 32, **46**, 98, 104, 105, 107, 112
San Rocco 56, 57
San Salvatore dei Fieschi **61**, 101
Santa Margherita Ligure 21, 28, 29, 31, 62, **71**, 75, 112, 119
San Terenzo 68
Sant'Olcese 27
Santo Stefano d'Aveto 101
Santo Stefano di Magra 67
Santuario della Madonna di Montallegro **75**, 102
Sarzana 17, 29, **71**, 114
Sassello 27
Savona 27, 30, 36, **50**, 106, 112, 113, 120
Seborga 40
Sella La Croce 103
Serravalle Scrivia 28
Sestri Levante 11, 31, 54, 62, **63**, 101, 105, 112, 120

Sestri Ponente 93
Solva 34
Spotorno **43**, 104
Staglieno 97
Taggia 29, 30, 49, **98**, 113
Tellaro 19, 31, **68**
Tinetto 70
Tino 70
Toirano 16, 22, 30, 43, **110**
Torriglia 59
Torri Superiore 23
Triora 19, **100**
Uscio 59
Val di Neva 38

Val di Vara 14, 20, 22, 107
Val Fontanabuona 28, **64**, 102
Val Graveglia 61
Valle Argentina 49, **98**, 105, 107
Valle Arroscia 38
Valle Roja 30
Valle Santa 82
Valloria 21, 29
Val Nervia 30, 100
Val Pennavaira 30, 38, 105
Val Ponci 42
Varatal 14, 20, 22, 107
Varazze 31, **52**, 107
Varese Ligure 20, 23

Varigotti 32, **43**, 107
Ventimiglia 18, 28, 30, 36, **52**, 101, 106, 112, 117
Verdeggia 100
Vernazza 14, 19, 78, **79**, 82, 83, 85, 102, 114, 116
Vesallo 38
Via dell'Amore **83**, 102
Villa Faraldi 46
Villa Inferiore 52
Villanova d'Albenga 38
Volastra 84
Zoagli 28, **64**
Zuccarello 19, 38

SCHREIBEN SIE UNS!

SMS-Hotline: 0163 6 39 50 20   **E-Mail: info@marcopolo.de**

Egal, was Ihnen Tolles im Urlaub begegnet oder Ihnen auf der Seele brennt, lassen Sie es uns wissen! Ob Lob, Kritik oder Ihr ganz persönlicher Tipp – die MARCO POLO Redaktion freut sich auf Ihre Infos.
Wir setzen alles dran, Ihnen möglichst aktuelle Informationen mit auf die Reise zu geben. Dennoch schleichen sich manchmal Fehler ein – trotz gründlicher Recherche unserer Autoren/innen. Sie haben sicherlich Verständnis, dass der Verlag dafür keine Haftung übernehmen kann. Kontaktieren Sie uns per SMS, E-Mail oder Post!

MARCO POLO Redaktion
MAIRDUMONT
Postfach 31 51
73751 Ostfildern

IMPRESSUM
Titelbild: Manarola in den Cinque Terre (Look: Martini)
Fotos: B. Dürr (1 u.); DuMont Bildarchiv (112); H. Eid (2 o., 4, 24/25, 26 l., 28/29, 38, 59, 88, 92, 112/113); ©fotolia.com: KALISTE A (17 u.), Photocomptoir (16 u.), superfood (16 o.); R. Freyer (2 M. u., 28, 32/33, 34, 37, 45, 50, 56, 60, 82,); J. Holz (30 r., 63); Huber: Carassale (78), Gräfenhain (Klappe l., Klappe r., 2 u., 3 o., 3 u., 10/11, 12/13, 15, 18/19, 21, 41, 46, 53, 54/55, 70, 73, 76/77, 81, 98/99, 103, 128/129), Johanna Huber (6), Giovanni Simeone (69), Studio Novak (26 r.); ©iStockphoto.com: chechele (17 o.); G. Jung (75); M. Kirchgessner (27, 116 u.); Laif: Celentano (64, 66, 91), Eid (3 M., 86/87, 113), Zanettini (29, 107); Look: Martini (1 o.); mauritius images: Alamy (5, 9, 22, 95, 111), CuboImages (2 M. o., 7, 43, 97, 100); Nuova Sat s. r. l.: Jacopo Riccamboni (16 M.); O. Stadler (117); T. Stankiewicz (30 l., 49); H. Wagner (8, 104/105, 108/109, 116 o.); T. P. Widmann (84)

13. Auflage 2013
Komplett überarbeitet und neu gestaltet
© MAIRDUMONT GmbH & Co. KG, Ostfildern
Chefredaktion: Michaela Lienemann (Konzept, Chefin vom Dienst), Marion Zorn (Konzept, Textchefin)
Autorin: Bettina Dürr; Redaktion: Nikolai Michaelis
Verlagsredaktion: Anita Dahlinger, Ann-Katrin Kutzner, Nikolai Michaelis
Bildredaktion: Gabriele Forst
Im Trend: wunder media, München
Kartografie Reiseatlas: © MAIRDUMONT, Ostfildern, Kompass Karten GmbH, A-Innsbruck;
Kartografie Faltkarte: © MAIRDUMONT, Ostfildern
Innengestaltung: milchhof:atelier, Berlin; Titel, S. 1, Titel Faltkarte: factor product münchen
Sprachführer: in Zusammenarbeit mit Ernst Klett Sprachen GmbH, Stuttgart, Redaktion PONS Wörterbücher
Das Werk einschließlich aller seiner Teile ist urheberrechtlich geschützt. Jede urheberrechtsrelevante Verwertung ist ohne Zustimmung des Verlags unzulässig und strafbar. Das gilt insbesondere für Vervielfältigungen, Übersetzungen, Nachahmungen, Mikroverfilmungen und die Einspeicherung und Verarbeitung in elektronischen Systemen.
Printed in China

BLOSS NICHT ☝

Auch in Ligurien gibt es Dinge, mit denen Sie anecken können

DIEBE „EINLADEN"

Ligurien ist eine recht sichere Gegend, wenn man die üblichen Vorsichtsmaßnahmen ergreift: das einsam geparkte Auto leer räumen, Wertsachen im Hotelsafe deponieren, auf Handtasche und Fotoapparat besonders gut aufpassen.

ÜBERALL RAUCHEN

An öffentlichen Orten wie Restaurants, Hotels, Bars oder in Zügen ist das Rauchen verboten – und die Italiener halten sich daran!

FÄLSCHUNGEN KAUFEN

Beim Kauf von gefälschten Markenprodukten, etwa vom Straßen- oder Strandhändler, riskiert auch der Käufer hohe Bußgelder – einen Touristenbonus gibt es nicht!

ZIMMER AN DER BAHNTRASSE

Beim Buchen Ihrer Unterkunft sollten Sie versuchen, Zimmer außer Hörweite der stark befahrenen Bahntrasse zu buchen, die viele Rivieraorte durchzieht.

OHNE SCHUHE IM WALD UND AUF KLIPPEN

Im Hinterland laden wunderbare Wälder zum Spazierengehen ein. Dabei sollten Sie feste Schuhe tragen, denn der Weg ist oft genug voll spitzer Felsen, auch kann man kleinen Schlangen begegnen. Für die Badeplätze auf Klippen und Kieseln empfehlen sich Plastiksandalen, auch als Schutz vor Seeigeln an Felsen unter Wasser.

IM PULK DURCH DIE CINQUE TERRE

Wenn Sie in die Cinque Terre für einen Tagesausflug fahren wollen, vermeiden Sie möglichst die Wochenenden von Ostern bis September, denn da wird es voll, und selbst gelassene Gemüter können die Schönheiten der Dörfer und der Natur nicht mehr entspannt genießen.

EINFACH PLATZ NEHMEN

Im Restaurant und selbst in der Pizzeria steuert man nicht gleich auf einen Tisch zu, sondern lässt sich vom Ober einen empfehlen. Natürlich kann man, einmal in Kontakt, einen Wunsch äußern.

BEI ALGENALARM BADEN

In den letzten Jahren ist ab und zu eine giftige Algenart in den Gewässern südlich von Genua aufgetaucht. Die Strandwärter geben Alarm, den man beachten sollte, denn die Berührung kann Fieber und Kopfschmerzen verursachen.

PREISE UNTERSCHÄTZEN

Sie tun gut daran, sich bei bestimmten Dingen vorher nach dem Preis zu erkundigen: etwa vor einer Taxifahrt oder vor Inanspruchnahme einer Werkstatt. Oder bei Fisch, dessen Preis auf der Karte häufig pro 100 g *(etto)* angegeben ist.